Karl Valentin

GAR NED KRANK
IS A NED G'SUND

Ein Erste-Hilfe-Lesebuch

Herausgegeben von
Gunter Fette

Mit 22 Abbildungen

W0228833

Piper München Zürich

Mehr über unsere Autoren und Bücher:
www.piper.de

Von Karl Valentin liegen bei Piper vor:
Das Beste von Karl Valentin
Mein komisches Wörterbuch
Der große Karl Valentin. Sämtliche Werke
Gar ned krank is a ned g'sund

Die Texte des vorliegenden Buchs stammen aus: Der große Karl Valentin.
Sämtliche Werke in 9 Bänden, Piper Verlag GmbH, München 2007.
Die Auswahl der Texte sowie die Einführung und Zusammenstellung
der Lebensstationen wurden vom Herausgeber Gunter Fette besorgt.

Das Copyright für das Foto auf S. 17 liegt beim Stadtmuseum München.
Die Fotos auf S. 185 wurden uns freundlicherweise vom Valentin-Karlstadt-
Museum in München zur Verfügung gestellt.

MIX
Papier aus verantwor-
tungsvollen Quellen
FSC
www.fsc.org   FSC® C083411

Originalausgabe
1. Auflage Juli 2011
2. Auflage September 2011
© 2011 Piper Verlag GmbH, München
Umschlag: semper smile, München
Umschlagmotiv: Karl Valentin Erben © Rechtsanwalt Gunter Fette
Satz: Kösel, Krugzell
Gesetzt aus der Adobe Garamond
Papier: Munken Print von Arctic Paper Munkedals AB, Schweden
Druck und Bindung: CPI – Clausen & Bosse, Leck
Printed in Germany   ISBN 978-3-492-27225-4

Inhalt

Einführung

von Gunter Fette

Karl Valentin und die Gesundheit – das ist sein ureigenes Thema, denn er war lebenslang ein ausgeprägter Hypochonder, der ständig irgendwelche vermeintlichen Krankheitssymptome und Leiden an sich feststellte und von ihnen fest überzeugt war. Liesl Karlstadt berichtete, dass Karl Valentin immer alle möglichen Arzneimittel mit sich herumtrug. Auch seine brieflichen Nachrichten an seine Familie von auswärtigen Gastspielaufenthalten beginnen oft mit Wehklagen über seinen gesundheitlichen Zustand. So schrieb er am 14. 2. 1928 an seine Familie aus Berlin:

»Heute zu meinem Namenstag – Bronchitis bekommen. Alle Tage was anders – muss so sein.«

Diese hypochondrische Grundeinstellung Karl Valentins gipfelte in seiner Feststellung, dass es nicht gesund sein könne, wenn man überhaupt nicht krank ist. Und in seiner Dialogszene »Beim Arzt« lässt er den Patienten auf den ärztlichen Bescheid, dass er vollständig gesund sei, mit dem empörten Widerspruch reagieren, dass er doch in der Krankenkasse sei – wozu, wenn nicht dafür, krank zu sein.

Karl Valentin wollte es einfach nicht wahrhaben, nicht krank zu sein. Als ihn der Regisseur Max Ophüls, der 1932 mit Karl Valentin und Liesl Karlstadt den Film »Die verkaufte Braut« gedreht hat, angesichts seines Asthmaleidens einmal fragte, ob er denn einen guten Arzt habe, verneinte dies Karl Valentin und hatte dazu auch noch eine Begründung:

» Weil der mir beweisen wird, dass ich g'sund bin – und das mog i ned«,

so berichtet von Alfons Schweiggert, einem ausgewiesenen Karl-Valentin-Kenner. Von ihm ist auch die bezeichnende Aussage Karl Valentins überliefert:

» Wenn ich Arzt wär, was würd ich dann glauben, was ich alles hätt.«

Seinen Ursprung hatte dieses gestörte Verhältnis zur körperlichen Gesundheit wohl darin, dass Karl Valentin sich als Kind ein Asthmaleiden zugezogen hatte, als er mit zehn Jahren beim Spielen auf der zugefrorenen Isar eingebrochen war und nur mit Mühe und Not gerettet werden konnte und überlebte, während sein Spielkamerad starb. Ihm blieb davon aber das erwähnte Asthmaleiden und seine Anfälligkeit für Bronchialerkrankungen. Deshalb litt er auch ständig unter der asthmatypischen Angst zu ersticken, und der Aufenthalt in engen, abgeschlossenen Räumen, wie etwa einem Eisenbahnabteil, wurde von Karl Valentin in seiner Selbstbiografie als furchtbar beschrieben. Allerdings hinderte ihn sein Asthmaleiden nicht daran, trotzdem zu rauchen. Und aus den Erzählungen der Tochter Karl Valentins, Bertl Böheim, weiß der Herausgeber, dass er zur Einnahme seines Asthma-Mittels »Felsol« immer eine Zigarette brauchte und rauchte.

Karl Valentin mit Zylinder und Zigarre, Berlin 1928

Wie sehr Karl Valentin dieses für ihn lebenswichtige Asthma-Mittel »Felsol« beschäftigte, ist durch seinen Briefwechsel mit dem pharmazeutischen Hersteller dieses Pulvers, der chemischen Fabrik Roland AG in Essen, belegt. Darin rechnet er vor, dass er mit seiner täglichen Einnahme eines »Felsol«-Pulvers (neben Glyzerinan, Asthmolysinin-Injektionen, Räucherpulvern et cetera) seit 15 Jahren inzwischen exakt 5475 »Felsol«-Pulver genommen habe und fragte nun an, ob ihm dieser Dauergebrauch schaden könne. Die beruhigende Antwort ist, dass dies nicht der Fall sei und auch ab und zu zwei Pulver am Tag nichts schaden dürften. Als dann einige Zeit später das »Felsol«-Pulver nur noch auf Rezept verkauft werden durfte, erweckte dies natürlich bei Karl Valentin sofort den Argwohn der Gefährlichkeit dieses Mittels, und er fragte bei dem Hersteller erneut an, ob von diesem Medikament nicht doch schädliche Nebenwirkungen zu befürchten seien. Ob die ihm hierauf von der pharmazeutischen Fabrik erteilte Antwort, er habe nichts zu befürchten und man wisse von einem Patienten, der sogar bis zu zehn Pulver täglich einnehme und dadurch sogar eine deutliche Stärkung seines Herzens verspürte, Karl Valentin wirklich beruhigt hat, muss bezweifelt werden.

Die hypochondrischen Verhaltensweisen von Karl Valentin beschränkten sich aber nicht auf sein Asthmaleiden, sondern erstreckten sich auf alle nur denkbaren Krankheiten. Überhaupt ließen ihn Begriffe aus der medizinischen Wissenschaft und Berichte über Krankheitssymptome sofort aufhorchen, und in einer Gesprächsrunde fragte er dann gleich interessiert nach, ob man das leicht kriegen könne. Der österreichische Schriftsteller Anton Kuh, der

Sturzflüge im Zuschauerraum
Originalszene von Karl Valentin.

Karl Valentin und Liesl Karlstadt in einer Szene des Bühnenstücks »Sturzflüge im Zuschauerraum«, 1915

Hypochondrie als eine Art schöpferische Selbstvergiftung beschreibt, meinte zu Karl Valentins hypochondrischen Neigungen:

»Die Symptome eines Leidens auf sich beziehen zu dürfen, gewährte ihm eine Art angstvolle Genugtuung.«

Anton Kuh wusste auch zu berichten, dass Karl Valentin in seiner Brieftasche eine ganze Sammlung von kleinen Zeitungsausschnitten mit sich herumtrug, die sich allesamt mit medizinischen Absonderlichkeiten befassten.

Es existiert auch eine eigene Aufzeichnung von Karl Valentin aus dem Jahr 1938, wonach er seit 1915 achtundachtzig (!) Ärzte konsultiert haben will. Nachdem aber bei einer Überprüfung der Namen festgestellt wurde, dass in dieser Auflistung auch Personen verzeichnet sind, die zwar einen Doktortitel hatten, aber gar keine Ärzte waren (auch die Namen des legendären Inhabers des »Kabarett der Komiker« in Berlin, wo Karl Valentin und Liesl Karlstadt aufgetreten sind, Kurt Robitschek, und des sehr populären Komponisten der leichten Musik, Friedrich Hollaender, sowie des Münchner Schriftstellers Lion Feuchtwanger finden sich darunter), sind gewisse Zweifel an der Ernsthaftigkeit dieser Aufzeichnung veranlasst. Typisch und kennzeichnend für Karl Valentins Umgang mit wirklichen und vermeintlichen Krankheiten ist diese Aufzeichnung von ihm aber allemal. Um noch einmal Anton Kuh zu zitieren:

»Er spähte auf allen Wegen dem Unglück entgegen, fürchtet abergläubisch den Hundebiss des Schicksals – fürchtet ihn und ruft ihn herbei.«

Dies gilt bei Karl Valentin allerdings nicht nur in Bezug auf Krankheiten, sondern war die allgemeine Grundeinstellung seines Lebens überhaupt.

Dass er von der medizinischen Kunst allerdings auch nicht viel halte und der Mensch deshalb nach seiner Einschätzung den Krankheiten mehr oder weniger hilflos und hoffnungslos ausgeliefert sei, hat Karl Valentin wiederholt resignierend festgestellt. So beklagte er sich zum Beispiel darüber, dass man zwar das Telefon, das Radio und die biegsame Schallplatte erfunden habe,

»aber gegen den Schnupfen, da haben's nix.«

Nach all dem ist es naheliegend, dass sich die ausgeprägte hypochondrische Lebenseinstellung von Karl Valentin auch in seinen Texten niedergeschlagen hat. Allerdings hat er sich dabei gleichzeitig selbst parodiert. So wundert sich der Patient »Beim Arzt« darüber, dass mit seiner Lunge alles in Ordnung ist, obwohl er sich doch vor zwei Jahren den Fuß gebrochen habe. Und der ärztlichen Empfehlung, mehr Obst zu essen, weil das gesund ist, widerspricht er sofort mit der Begründung, dass ein Bekannter von ihm fast an einem Zwetschgenkern erstickt sei. An anderer Stelle propagiert er allerdings seine hypochondrische Einstellung als die einzig richtige Betrachtungsweise und lässt den »Herrn Leidenreich« seinem sich gesund wähnenden Gesprächspartner, dem vermeintlich gar nichts fehlt und der angeblich noch nie krank war, vorhalten:

»So saudumm kann nur ein G'sunder daherreden.«

In »Hohes Alter« macht er sich dann allerdings über den Gesundheitsapostel lustig, der von allen Lebensgenüssen nichts wissen will, weil er darin eine Gefährdung seiner Gesundheit sieht, und er stellt ihm seinen 89 Jahre alt gewordenen Freund gegenüber, der alleweil gesund und lustig war, obwohl er keine von all den angeblichen gesundheitlichen Sünden wie etwa »Wein, Weib und Gesang« ausgelassen hat. Aber sonst hätte er vielleicht 90 Jahre alt werden können, lässt er den Gesundheitsfanatiker einwenden. Auch dessen Vorhalt gegenüber dem Gesunden, er verstehe offenbar nichts vom menschlichen Körper, weil er keine medizinischen Bücher lese, sondern nur seine Gastwirtszeitung, ist unverkennbar parodistisch gemeint.

Besonders gesundheitsbewusst gelebt hat Karl Valentin auch tatsächlich nicht. Seine ungewöhnliche Magerkeit beruhte jedenfalls nicht auf einer asketischen Lebensweise, sondern war ihm wohl von der Natur mitgegeben. Auch im Hinblick auf diese körperliche Abnormität hat er sich selbst parodiert und daraus sein besonderes bühnenmäßiges Erscheinungsbild als rappeldürre Witzfigur – als lebende Karikatur – geschaffen. Zu Beginn seiner Bühnentätigkeit in München ist er als »Skelettgiggerl« aufgetreten. In seinem Text »Ich bin ein armer, magerer Mann« beklagt er sich, dass die Natur ihn so grauslich zugerichtet habe. Mit seinen hervortretenden Rippen auf dem dürren Brustkorb habe ihn seine Mutter zum Meerrettichreiben hergenommen, und bei der Musterung zum Militär sei er verspottet worden, dass er daherkomme wie ein Bahnwärterhäusl aus Wellblech. Nicht einmal beim Leichenverbrennungsverein habe man ihn haben wollen, weil er wegen seiner Magerkeit im Verbrennungsofen durch den

Karl Valentin als Akkordeonspieler, 1916

Rost rutschen würde. Allerdings kommt Karl Valentin dann doch noch zu dem Schluss, dass er trotz allem auch von seiner Magerkeit profitiert habe, denn als er in Afrika unter die Kannibalen geriet und zum Braten ausgezogen wurde, habe es den Menschenfressern bei seinem Anblick so gegraust, dass sie davongelaufen seien – und sein Leben war gerettet.

In den gesundheitlichen Betrachtungen Karl Valentins kommt natürlich auch der vom Zahnweh geplagte Mensch vor, der dann manchmal wirklich nicht einer gewissen Komik entbehrt. Deshalb sind Zahnarzt-Szenen bei Komikern ja auch sehr beliebt. Bei Karl Valentin wird es dabei aber auch philosophisch, so etwa, wenn er darüber sinniert, wie ein hohler Zahn denn noch wehtun könne, wo doch nichts mehr drin sei.

Zwar nicht direkt mit der Gesundheit, aber eben doch mit Erscheinungsformen des menschlichen Körpers befasst sich Karl Valentin, wenn er in »Geräusche« sich mit der Unvermeidbarkeit von Schmatzen, Rülpsen, Schluckauf, Niesen, Schnäuzen sowie dem körperlichen Entweichen von Luft auseinandersetzt. An anderer Stelle, aber dazu passend, meint er: »Es riecht nicht alles gut, was kracht.«

Schließlich hat sich Karl Valentin auch mit der geistigen Gesundheit befasst und mehrfach entsprechende Schwächen, insbesondere die Vergesslichkeit, parodiert. Da treffen sich jahrzehntelange Nachbarn, die sich bei ihrem Wiedersehen aber weder daran erinnern, in welcher Straße sie zusammen gewohnt haben, noch, wie sie heißen. Sie wissen nur noch, dass sie sich etwas Wichtiges erzählen wollten – nur was, das will ihnen partout nicht einfallen.

Sehr wirklichkeitsnah beschreibt Karl Valentin in seinem Dialog »Wo ist meine Brille?« auch die menschliche Verwirrung, die Brillenträger nahezu täglich bei der Suche nach der vermeintlich verlegten Brille erleben, während das vermisste Objekt ihnen auf dem Kopf sitzt. Die dazu von Karl Valentin erteilten Hinweise, die Brille habe gestern noch in der Küche gelegen und werde jetzt schon irgendwo – oder woanders – sein, führen natürlich eher in den Wahnsinn, als dass sie für die Suche hilfreich wären. So war dies von Karl Valentin auch beabsichtigt.

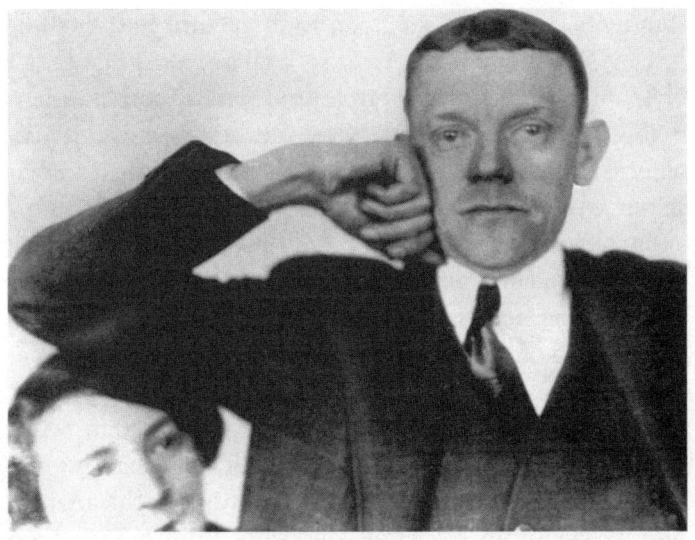

Karl Valentin und seine Bühnenpartnerin Liesl Karlstadt, fotografiert von Lotte Jacobi, um 1930

In einer Betrachtung über die körperlichen Abnormitäten von Liliputanern und Riesen sowie darüber, woran man erkennt, dass man nicht normal sei, erklärt Karl Valentin dies ganz einfach mit dem geistigen Defekt des »saudummen Daherredens«. Wenn er dann allerdings in seinem nach dem Krieg 1946 verfassten und für die Rundfunksendung aufgenommenen Text zu der gegenwärtigen geistigen Verwirrung der Menschen meint, sie alle seien wohl durch den Krieg so dappig geworden, so ist dies von Karl Valentin nicht mehr als Parodie gemeint. Vielmehr bringt er damit seine wahrhaftigen Feststellungen des wirklichen Lebens zum Ausdruck, die letztlich seine ganze Komik durchziehen.

Auch die Beschreibung seines eigenen körperlichen Zustandes war in den Texten von Karl Valentin in der Nachkriegszeit nun gar nicht mehr so komisch wie anfangs, als er seine Magerkeit verspottete und daraus eine bühnenmäßige Witzfigur kreierte. Die Realität hatte nun den lebenslänglich eingebildeten Kranken eingeholt. In einer seiner letzten Tonaufnahmen mit Liesl Karlstadt trifft er sie auf seinem Weg zum Arzt. Weil er wegen des ständigen Hungerns nach dem Krieg so dünn geworden ist, will er sich etwas verschreiben lassen. Vitamine, Kalorien für den allgemeinen Aufbau empfiehlt ihm Liesl Karlstadt. Aber ein solches Rezept hilft ihm auch nicht, da der Apotheker nur noch Rizinusöl hat und sonst gar nichts mehr. Selbst Licht, Luft und Sonne, die der Mensch zur Erhaltung seiner Gesundheit braucht, sollen künftig beschlagnahmt und weggenommen werden, und so bleibt den Menschen am Ende nur das Nichts. Diese Feststellung Karl Valentins war nun nicht mehr zum Lachen, beschrieb aber sehr realistisch die Lebenssituation des Kabarettisten unmittelbar vor dessen Tod. Tragikomisch waren dann allerdings die Umstände seines Ablebens: Er starb an einem Rosenmontag.

Gunter Fette, München 2011

An die Eltern

5.10.1902

Liebe Eltern!
Mir geht es sehr gut. Ich bin unberufen sehr gesund und habe mir den ersten Abend Asthma geholt. Ein Zimmer habe ich, da ist unser Knechtzimmer ein Salon dagegen. – Das Programm besteht aus 8 Damen (keine Angst haben) und aus mir. –

Jetzt die Hauptsache – Herr Direktor hat nämlich aus unbekannten Kreisen erfahren, daß ich Anfänger bin, und wollte mich absolut nicht auftreten lassen.

Was thun, ich sagte sogleich, daß ich 7 Monate freilag, und er möchte mich wenigstens um Kost und Logis hier singen lassen. Das wäre aber nicht das Schlimmste, was er beanstandet hätte. Wie Ihr wisset, ist doch Strebel einen Monat in Nürnberg engagiert gewesen und hat in dem Lokal, welches 1 Minute vom Zeughaus entfernt ist, mein ganzes Repertoir wortwörtlich abgeleiert und ich wollte Neues bringen. Trotzdem habe ich allabendlich schönen Ablaus (Applaus!), wo in Nürnberg die Leute geradezu ekelhaft verwöhnt sind. Herr Direktor sagte gestern zu mir: ›Herr Valentin, es darf Ihnen nicht beleidigen, aber das kann ich Ihnen sagen, einen so kaltblütigen frechen Kerl habe ich noch nicht auf meiner Bühne stehen sehen, und das freut mich, und bleiben Sie nur diesen Monat da, ich werde Ihnen den Contract nach München machen!‹ Dann ist es doppelt schwer, nur unter Damen aufzutreten,

21

da das ganze Publikum nur aus Offizieren und Studenten besteht. Komiker ist da Nebensache. Das Hauptgeschäft geht natürlich erst nach der Vorstellung im obern Saale im Caffe. – Gleich am ersten Abend wurde ich schon eingeladen von ein paar Herren. Champagner, Wein, Tee, Kakao, Schokolade, Zigarren, Zigaretten bekomme ich in Hülle und Fülle. Zu lernen habe ich genug. Bis 15. muß ich 8 neue Schlager können. Heimweh habe ich noch keine Sekunde bekommen. Im Gegenteil, gibt es was Schöneres als die Welt, wenn man gesund ist? Ich wollte, ich hätte gleich wieder Anschluß. Tagesprogramm:

10 Uhr aufgestanden, bis 12 Uhr gelernt, dann Mittag (Essen sehr gut). Dann ins Kaffeehaus bis 3 Uhr zum Ratschen, dann Automat (frische Würste mit Kraut à Port. 10 Pf.), dann Spazieren oder sonst etwas Nützliches. 8 Uhr Vorstellung bis 11 Uhr. Dann Abend-Essen (2 Gänge und 2 Glas Bier). Dann Unterhaltung in unserm Kaffeehaus. Eintreffen der ›Wurzen‹. Da kann man aber die Dummheit der Männer kennenlernen. Gestern kam so ein junger Leutnant in Zivil, der wurde aber total ausgesogen. Die Zeche, die der Aff zahlen mußte, belief sich auf 80 M. Und so liefern die ›Damen‹ alle Tag einen Andern und der Direktor schöpft den Rahm ab.

Alles Nähere: Die Tages-Plakate.

Schreibt mir bald, aber ja *keine* Karte sondern Brief. Wie geht es Euch? Hoffentlich gut. – Das Couplet ›Der russische Salat‹ gefällt *nicht im geringsten*. Ich habe es nur einmal gesungen. – ›Verrückt – verdreht‹, welches ich gut gelernt habe, kann ich ebenfalls nicht machen, da das in Nürnberg schon jeder Schusterbub kann. Ich mußte bei der ersten Vorstellung gleich ›Verhunst ist die Kunst‹ machen, wo ich das noch nie vorgetragen habe. Und

Karl Valentin am Schminktisch, 1928

gegangen ist es. (Jeden Abend muß ich 2x auftreten.) Mittwochs 4x (Damenkränzchen). Und Sonntags 6x, das ist aber gerade genug.

Gruß an Alle.

Seid gegrüßt aus weiter Ferne.

Seid gegrüßt auf Wiedersehn!

Valentin

(Ich habe in 8 Tagen so eine Bühnen-Rudine (Routine!), daß ich in jedes größere Theater gehen kann und 300 M. pro Monat verdiene. Diesen Monat muß ich halt noch dreingeben.)

Bitte um vollständige *Diskretion*.

Nachtrag: Vor der Samstag-Abend-Vorstellung habe ich den Brief geschrieben und muß noch einen Zettel beilegen, da ich heute Abend den größten Applaus gehabt habe von allen Nummern. Ich machte 3 Nummern und mußte 6 mal vor den Vorhang, mit Füßen haben sie gestampft und geschrien. Der Applaus dauerte fast nahezu 1 halbe Minute. Das ganze Theater war gesteckt voll bis auf den letzten Platz. Morgen wirds wieder flau werden.

Ich bin ein armer, magerer Mann

Ach, es ist doch schrecklich g'wiß,
Wenn der Mensch recht mager ist;
Ich bin mager, welche Pein,
Mager wie ein Suppenbein.

Was muß denn ich verbrochen haben, daß mich die Natur gar so grauslich zamg'richt hat. – Ich versteh' das nicht, in unserer Familie kann das unmöglich liegen, denn mein Vater wiegt über drei Zentner, meine Mutter über zwei Zentner und meine Schwester hat einen Bahnexpeditor geheiratet, und gerade ich muß so mager sein. – Ja, jetzt tut's es ja noch, aber früher soll'n S' mich g'seh'n hab'n, gleich nach der Geburt, da hab ich ausg'schaut wie a Salami. – Darum hab' ich auch als klein's Kind keine Wiege gebraucht, mich hat meine Mutter ganz einfach in einen Lampenzylinder neing'steckt und hat mich am Tisch umhergewalkerlt, so mager war ich.

Und trotzdem is mein Vater stolz auf mich, der mag die fetten Kinder selber nicht und grad deshalb, weil ich so mager bin, drum »mag er« mich so gern. Er sagt »Vetter« kann ich immer noch werd'n, wenn amal mei Schwester heirat'. Einmal bin ich in einem Kaffeehaus an einem Billard dort gelehnt und weil ich so mager bin wie ein Stock und weil ich am Billard dortg'lehnt bin, jetzt hat einer g'laubt, ich bin der Billardstock. – –

Aber die größte Gaudi war das, wie ich zur Musterung gehen hab' müssen, also hab'n die da drob'n a Gaudi g'habt, wie s' mich g'sehn haben. – Net, und ich hab' doch, wenn ich ausgezogen bin, so Rippen da 'rüber, quer rüber – mich hat halt früher meine Mutter immer zum Meerrettichreiben hergenommen. – Kurz und gut, wie die mich g'sehn hab'n, hab'n s' g'sagt: Ja Kerl, Sie kommen ja daher wie a Bahnwärterhäusl aus Wellblech. – Aber trotzdem, daß ich so gebaut war, hab'n s' mich nicht genommen zu den Soldaten, nicht amal zum Militär hab'n s' mich brauchen können.

Natürlich bin ich auch furchtbar leicht; wenn ich z. B. in einem Restaurant sitz und da Wirt reibt an Ventilator auf, da muß ich mich immer am Tisch anbinden, daß's mich net in's Röhrl neizieht. – – Dann hat amal einer zu mir g'sagt: Sie sind schon wirklich a gräuslicher Kerl, Sie können Ihnen jetzt schon in der Anatomie verkaufen; dann bin ich auch hingegangen zu dem Anatomieprofessor und hab mich offeriert, nun hat er g'sagt: Was verlangen S' denn für Ihnen? – Ja, sag' ich, unter 80 Mark kann ich mich nicht hergeb'n, weil auf 50 Mark komm' ich mich ja selbst. – Ja, sagt der Herr Professor, wie können Sie das behaupten, daß Sie 50 Mark wert sind? – Ja, sag i, ich hab mich kürzlich ausgezogen und hab meine Knochen so abgegriffen und da hab' ich 'rausgefunden, daß ich 50 Knochen hab' und weil ich in jedem Knochen »a Mark« hab', bin ich 50 Mark wert. –

Dann hab ich amal was gelesen von einem Leichenverbrennungsverein, denk' ich mir, da gehst auch hin und laßt dich amal verbrennen, wennst gestorben bist; dann bin ich auch hingegangen und hab den Leichenverbrennungsvorstand g'fragt, ob das überhaupt geht bei mir,

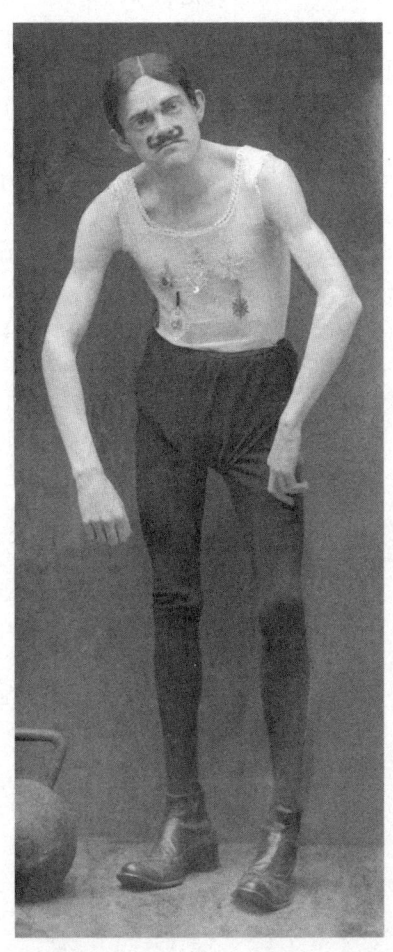

*Karl Valentin karikiert Herkules,
1916*

dann hat er mich ang'schaut und hat g'sagt: Ja, Sie sind schon arg dürr, bei Ihnen kostet es mehr. – Ja, sag ich, warum denn grad bei mir? – Ja, sagt er, weil ma bei Ihnen im Verbrennungsofen drin an neuen Rost brauchen, weil Sie durch den jetzigen unbedingt durchrutschen würden. – –

Und trotzdem ist die Magerkeit mein Lebensretter, denn wie ich einmal in Afrika war bei den Kannibalen, da hab'n mich die Menschenfresser erwischt und hab'n mich braten wollen, dann hab'n s' a Feuer g'macht und hab'n mich ausgezogen – wie mich die ausgezogen g'sehn hab'n, sind s' alle davongelaufen weil's denen g'raust hat vor mir und mein Leben war gerettet.

All Heil!

(Vortragender erscheint auf der Bühne mit einem alten Fahr-rad im Rennfahrerkostüm)

»All Heil!«
Wenn man es eigentlich richtig betrachtet, ist das Radfah-ren eine große Dummheit, ich zum Beispiel fahrat ja über-haupt nicht, aber mir hat es der Doktor angeordnet, der hat gsagt, ich muß Bewegung haben, sonst wer ich zu fett. Fett bin ich eigentlich gar nicht, ich bin nur leichtsinnig, wie oft bin ich schon auf d'Nacht ohne Glocke ausgfahrn, nicht amal a Licht hab ich dabei ghabt und auf d'Nacht fahr ich nämlich nie ohne Licht aus, bei Tag weniger, außerdem es wird recht früh Nacht, wie im Winter z. B. und im Winter fahr ich überhaupt nicht.

Was hab ich schon Malheur gehabt mit der Radlerei, erst kürzlich bin ich wieder mit samt mein Radl unter a Automobil nein kommen, hab aber ein Glück dabei ghabt, wie mich nämlich der Chauffeur unterm Wagen rauszieht, sieht er, daß ich a guter Spezi zu ihm bin, natürlich hat er dann sofort bremst, sonst wär ich sicher kaput gewesen.

Darum sag ich, ich gib die ganze Radlerei noch auf, aber bevor ich mein Rad an einen andern verkauf, fahr ich doch lieber selber – – und mir tut das Radfahren gut, a jeder kanns net vertragen, da muß ma guat beinand sei, vor allem gsund auf der Brust *(husten),* jetzt ich halt auch was auf meine Gesundheit, ich leb auch darnach. Bei mir heißts in der Früh um 11 Uhr raus ausn Bett, a paar gute Zigaretten graucht, z'Mittag a Paar Regensburger in Essig und Oel, recht sauer, das macht Blut. – Nachmittags a kleine Radtour nach Holzkirchen, aber gemütlich 70 km, wenn man dann so erhitzt am Ziel angelangt ist, net glei in a warms Lokal neisetzn, nein! zuerst im Hausgang a bisserl stehn bleibn, wos recht zieht, damit der Schweiß am Körper trocknet, wenns einem dann s'frieren anfangt, net glei a warme Limonad trinken, nein! a frische Maß Bier schnell nunterstürzen und a Stück Brot danach essen, dann kann einem nix passieren – – nur auf diese Weise bekommt man ein kräftiges, blühendes Aussehen, schauns mich an, ich treib das schon wochenlang, a paar Freunde von mir habn diesen Rat auch befolgt, dene fehlt jetzt nix mehr.

Wissen sie, jetzt fahr ich nur mehr zum Vergnügen, früher wars ja mein Beruf, ich war nämlich früher roter Radler, weil ich aber amal als roter Radler am »Gründonnerstag« »blau« gmacht hab, hat mir mein Prinzipal »weiß« gmacht, daß dös net sei darf und hat mir kündigt.

Verunglückt bin ich auch schon, bei meinem letzten Rennen hab ich einen Nabelbruch erlitten, – Gabelbruch, seit dieser Zeit hab ich die Rennerei satt. In meinem Leben mach ich kein Radrennen mehr mit, ich muß zu meiner Schande gestehen, daß ich bei jedem Rennen der letzte war, da war aber nicht ich schuld, da warn die andern schuld, weil die immer vorgfahrn sind. Sehn sie, der wo den ersten Preis gmacht hat, der Mann ist krank, der leidet an Verfolgungswahn, der bildet sich bei jedem Rennen ein, der zweite fahrt ihm immer nach und das war auch beim letzten Rennen der Fall – natürlich fährt doch der wahnsinnig dahin, der muß doch der erste werden, das ist aber doch nicht gerecht, da soll man doch nur gesunde Leute dazu nehmen, wie ich. Wenn auch nicht jeder der erste wird, das soll auch bei einem richtigen Rennen nicht vorkommen, das hätte auch gar keinen Sinn.

Ein paar Mal hab ich ein Schrittmacher gmacht, aber da hams mich net brauchen können, weil ich zu wenig Luft verdrängt hab.

Zum Schluß erzähl ich ihnen noch was Interessantes, ich bin nämlich Vorstand des Radlerklub »d'Windhund« und da habn wir von der Fabrik eine neue Standarte kriegt und in die Standarte war mit goldenen Buchstaben der schöne Spruch hineingestickt »Der Mensch denkt und Gott lenkt«, – wie ich das gelesen hab, hab i mei Radl packt, bin auf d'Straß naus, hab mi nauf gsetzt und bin dahin gefahren, ohne zu lenken – – dabei wirfts mich glei so an a Hauseck hin, daß ich drei Stund blödsinnig war – na, hab i mir denkt, mi drahts es nimma o mit euchere Sprüchwörter und seit dieser Zeit lenk ich wieder selber. –

All Heil!

An die Familie aus Berlin

Um den 9. 2. 1928

Familie Fey
München
Kanalstr. 8/II

Das hier ist meine tägliche Stammkneipe Löwenbräubier und *fast* echte Münchner Kost. Dann gehe ich wieder heim – Liegen immer liegen, der Fuß tut wieder weher, heut wurde ich mit Röntgenstrahlen durchleuchtet – Herzliche Grüße
    Valentin

Lass das *Mädi* und den *Bobsi* nie allein auf die Strasse hinunter

Um den 12. 2. 1928

Familie Fey
München
Kanalstr 8/II Sto

Mit meinem Fuß geht es wieder schlechter, durch die An-strengung des Auftretens, kann ich kaum mehr stehen,

33

und auf der Bühne kann ich doch nicht mit dem Stock
gehen.
  Viele Grüße
  K. Valentin

Sind die Lorberkränze schon gekom[men?]

Um den 14. 2. 1928

Familie Fey
München [...]
Kanalstr. 8/II Sto

Gruß aus Berlin
Valentin!

Heute zu meinem Namenstag – Bronchitis bekommen
Alle Tage was anders Muß so sein.

Um den 23. 2. 1928

Meine Lieben das Gespräch am vorigen Samstag hat
16.80 M gekostet (20 Minuten, am Samstag Nachmittag
kann man sprechen so lang man will, weil da sonst keine
geschäftlichen Gespräche Berlin–München stattfinden –
Ich telefoniere also am Samstag Nachmittag zwischen 2 bis

Karl Valentin mit seinem Hund Bobsi, um 1940

3 Uhr euch an, seit acht Tagen habe ich Bronchitis –
Geschmack wie alte Putzlumpen es ist zum Kotzen – alles
nähere telefonisch am Samstag.
1000 Grüße und Küsse auf *baldiges* Wiedersehen
Valentin

Der Menter Xaver hat Zahnweh

Von gestern bis heut, hat er gsagt, der Menter Xaver, hat er drei Nächt' net gschlafa vor lauter Zahnweh.

Ganz hint in der Eck hat er an Stockzahn, a Mordstrumm, aba hohl wia a alter Trankhafa. Da Xaver sagt, dös kann er net versteh, wenn do a Zahn hohl is, dann is doch im Zahn nix drin, und wia dös »nix« weh toa ko', dös konn er net versteh, dös wui eahm gar net ei'geh. Denn dann müassat do der Burgermoaster allawei Kopfweh ham, sagt er.

Es is aba aa z'wida fürn Xaver, weil er an ganzen Tag mitn rotdipfedn Zahnbund rumlaffa muaß, – a jeda fragtn scho aa: Hast Zahnweh, Xaver?

»Naa, brüllt er, an Fuaß hab' i mir verstaucht, drum bind i mir an Kopf ein.« Er hat scho recht, der Xaver, dös muaß do jeder am ersten Blick glei sehgn, daß er Zahnweh hat, sunst taat er do koan Zahnbund ummabinden.

Soweit i an Xaver kenn, konn er ja gar nix dafür, sei Muatter hams erzählt, soll aa am selben Platz an hohln Zahn g'habt ham und da hat'n halt der Xaver geerbt, da konn ma eahm wirkli koan Vorwurf macha.

Gestern solls aba ganz g'fehlt g'wesn sei. Gestern hat er g'wimmert wia 's Sturmglöckerl, wanns brennt, vor lauter Zähntweh, dann is eahm z'dumm worn. Er hat sei schöne Joppn o'zogn, hat sei Plüschhüatl mitn Adlerflaum auf-g'setzt, dössell war eahm aba um fünf Nummern z'kloa, wegn am Zahnbund, aba er hats mit an Spagatschnürl o'bundn, sein Stecka packt und dahi is ganga.

Und wias halt scho oft vorkemma is, wia da Xaver in der Stadt vorm Zahnarzt seiner Tür steht, wars eahm grad, als wia wenn der Zahn auf oamal gar nimma so weh taat. Halt, hat si da Xaver denkt, dös hast schö daratn, a Viertelstund später wenn er aufg'hört hätt, waar er scho herausg'wesn, da hab i aba a Glück g'habt. Und g'lacht hat er, wei er sich das Markl erspart hat.

Auf dö Zehaspitzl is er runtaganga vom drittn Stock, und heruntn hat er sich glei a Maß Bier kafft und a Laugnbrezen. Seine andern Zähn hat dös eiskalte Bier und dö stoaharte Laugnbrezen net g'schadt, bloß der oane Zahn, der wehe, war mit dera Behandlung net z'friedn und er hat halt wieda zum tobn und zum ziagn o'gfangt, so daß da Xaver vor lauter Schmerz as Zahln vergessn hat. Und dö Kellnerin hat g'schrian: »Halt z'erst zahln« – und bald hätt er dös aa net g'hört wegn dem dicken Zahnbund.

Und wia a alter Leimsieda is da Xaver wieda zum Zahndokta aufe mit dem oan Gedanken – jetzt muaß er aussi, der Knocha! – Narrisch hat er o'glitten, und a paar Minutn drauf is er scho auf dem g'spassigen Stuhl drom g'hockt. Zittert, sagt er, hat er wia a Schweinssulz. Aba wia da Zahndokta zu eahm g'sagt hat: »No mei Liaba, wo fehlts denn?« – da hat der Xaver 's ganze Vertrauen verloren. Mei, hat er si denkt, wenn der aa no so dumm fragt und als Zahndokta net selba kennt, daß i Zahnweh hab, na werds grad recht. »Ja, Zahnweh hab i«, hat der Xaver g'sagt!

»Ja, ja«, moant da Dokter, »dös glaub i schon, daß Du mir koan Stiefe zum Doppeln bringst, aber i muaß do wissn, wo Du Zahnweh hast?«

»In mein Mai drinna«, sagt der Xaver!

»Ja«, sagt der Dokter, »na muaßt aber dei Mai aufmacha, daß i den wehen Zahn siehg.« – Mei, hat da Xaver denkt, is der neugieri, der werd do als Zahndokter scho öfters an wehen Zahn g'sehgn ham. Dann hat er sei Mai aufgrissn und da Dokter hat einegschaut, hat sei Zangerl g'holt, und da Xaver hat si' denkt – Jetzt hoaßts aushalten – und hat sich im stillen g'wunschen: Liaba lassat i mir jetzt den größten Holzschiefer ausn großn Zeha rausziagn, dös tuat zwar aa narrisch weh, aba i kannt wenigstens vor Schmerzen dö Zähn z'sammbeißn. Aba beim Zahnreißn hats was mitn Zähn z'sammbeißn, wei da Dokter sagt: So jetzt machas an Mund recht schö weit auf! Aba dösmal hat da Dokter zum Xaver gsagt, gar so notwendig is eigentli dö Rausreißerei net mit dem wehen Zahn, weil man den vielleicht no plombiern kannt. Ich moan, der halts no aus. Na is er auf sei Schrankerl zuweganga, hat's Zangerl neiglegt und is mit so a neumodischen Bohrmaschin daher kemma. Dös war a langa Schlauch und vorn dro is a Bohrer g'wesn, der hat sie draht wia da Teufe. – »Halt«, hat da Xaver g'sagt zum Dokter – »gehst glei weg mit dera Maschin, mir waars ja schön gnua, was möchst ma denn mit dem Teifelsglump otoa?«

Aber da Dokter hats eahm ganz vernünfti erklärt an Xaver, daß er den hohlen Zahn vorm Plombieren ausbohrn muaß. »Den brauchas nimmer ausbohrn«, hat da Xaver g'sagt, »der is ja so scho hohl«. Da Dokter hat aba mitn Xaver a rechte Geduld g'habt und hat gmoant, da Xaver soll sich halt dann doch den bösen Zahn reißen lassen. Er hat eahm aa versprocha, daß er gar nix g'spürat, weil er ihn mit Lachgas behandeln tät.

Jetzt hat da Xaver d'Lippen übernander g'schobn, hat

oa Aug zuzwickt und hat g'moant: »Nix g'spürn, dös waar scho mei seligster Wunsch beim Zahnreißen, aba mit Lachgas, dössell trau i mir net, wei mei Basn vor vier Wocha g'storbn is und da hab i no Trauer.«

»Ja mei«, hat der Dokter wieda an Xaver vertröst, »woaßt, dös is a schware Sach mit euch Bauern, jetzt bleibt mir nix mehr übrig als an Nerv töten und a Goldkrone aufsetzen.« – Wia dös da Xaver g'hört hat, is er vom Stuhl aufgrumpelt, hat sein Huat packt und sei Packl, denn vom Töten hat er no nie was wissen wolln, und jetzt in da Republik a Goldkrone aufsetzen?

»Naa, Naa!!!!! – Pfüat Gott, Herr Dokta – nix für Unguat!!!«

Klagelied einer Wirtshaussemmel

Nicht jede Semmel hat so ein schweres Dasein als gerade wir Wirtshaussemmeln. Eine Privatsemmel z. B. wird beim Bäcker gekauft, heimgetragen und meistens gleich gegessen. Aber wir Wirtshaussemmeln und meine Kolleginnen, die Römischen Weckerln, die Loabeln und die herunter geschnittenen Hausbrote, wir haben meistens ein ekliges Dasein, bis wir von den Menschen verspeist werden.

Es hat sich ja einmal der Magistrat um uns gekümmert und hat in jeder Wirtschaft kleine Tafeln anbringen lassen, mit der Inschrift: »Das Betasten der Nahrungsmittel zum Zwecke ihrer Prüfung ist verboten.« Aber darum kümmert sich heute keine Sau mehr, viel weniger ein Mensch. Nicht genug, daß wir gleich nach unserer Erschaffung aus Mehl und Wasser sofort ins Krematorium kommen, werden wir, wenn wir fertig gebacken sind, von rohen Bäckerlehrbuben in die Lieferkörbe geworfen, diese Körbe werden wiederum unsanft ins Lieferauto geschwungen, und im 60 km Tempo rasen wir armen Semmeln dem Restaurant oder Gasthof zu, in welchem wir heute noch verspeist werden sollen.

Nicht jeder Semmel blüht dieses kurze Dasein, wie einer sogenannten Eintagsfliege. Manchen Semmeln geht es wie den alten Jungfrauen. Sie bleiben über, wenn auch nicht so lange. Nach Wochen und Monaten kommen wir in eine vielschneidige Guillotine (Knödelbrotschneidemaschine genannt), werden zu Scheiben geschnitten und bilden den Bestand der berühmten bayerischen Semmelknödel.

Aber wie traurig und dreckig geht es uns armen Wirtshaussemmeln. Wir werden von den Kassierinnen (früher Kellnerin) in aller Frühe ins Brotkörbchen gelegt und auf den Tisch gestellt. So – und nun sind wir der sogenannten Hygiene unterworfen.

Zum Frühschoppen kommt schon um 10 Uhr direkt vom Bahnhof die Familie Huber aus Neuburg. Sie setzen sich alle an den Tisch, und Frau Huber entnimmt gleich dem Brotkörbchen ausgerechnet »mich«, drückt mir den Brustkorb ein und sagt zu ihrem Mann: Anton, guck mal, fühl mal das Brötchen an, wie weich das ist. Hier in München ist das Brot nicht so knusprig gebacken, wie bei uns in Neuburg.

Herr Huber hatte keine Zeit, mich gleich zu drücken, er hatte sich mit seinem Taschentuch eben die Nase geputzt, und erst, nachdem er dieses eingesteckt hatte, nahm er mich in die Hand, drückte mich zusammen, daß ich beinahe aussah, wie ein Pfannkuchen, legte mich wieder in das Körbchen und sagte: Du hast recht, liebe Kreszenz, die Brötchen sind hier scheinbar alle so weich – indem er sich auch davon überzeugte, und eine Semmel nach der andern zerdrückte. Mit gebrochenem Brustkorb lagen wir Semmeln im Körbchen.

Herr und Frau aßen ihre Weißwürste, welche ihnen scheints auch nicht besonders schmeckten, aber die mußten sie ja schließlich essen, weil sie dieselben bestellt hatten.

Wir Semmeln stehen aber unbestellt am Tisch, mit uns kann ja jeder tun und lassen, was er will.

Nach der Familie Huber nahm ein alter Herr, der zwar sehr gut gekleidet war, aber trotzdem einen riesigen Schnupfen hatte, an dem Tische Platz. Oweh, dachte ich Semmel, der wird mich und meine Kolleginnen wohl nicht anniesen – gesagt – getan – einige Dutzend Male ging ein kräftiges Hah-zieh über uns Semmeln nieder, begleitet von einem heftigen Bakteriensprühregen.

Wir ertrugen gerne diese Schmach des Angespucktwerdens, uns war es nur um die armen Menschen leid, die nach dieser Sauerei vom Schicksal an diesen Tisch geführt werden.

Der alte Herr aß, trank, zahlte, nieste und ging.

Eine Mutter mit vier Kinder waren die Nächsten. Wir Semmeln zitterten, als wir die vier Kinder an den Tisch kommen sahen.

»Mutter, Mutter – darf i mir a Semmel nehmen?« schrie es durcheinander und wie Siouxindianer überfielen die Buben das Brotkörberl, welches dem Ansturm nicht standhielt und über den Tisch hinunter kollerte, und natürlich wir Semmeln auch. Die Mutter schalt leise: »Glei klaubts die Semmeln auf und tuts wieder ins Körberl neilegn schö, daß niemand siecht, dö Semmeln genga euch gar nichts an, mir bstelln uns Brezen.«

Zerdrückt, beschmutzt lagen wir vier Semmeln wieder ungegessen im Körbchen. Was wird aus uns noch werden? dachten wir.

Da kamen die vielen Mittagsgäste, schauten uns verächtlich an und bestellten sich anderes Brot, aber direkt vom Büfett.

Wir Semmeln sahen selber ein, daß wir zu unappetitlich aussahen, um verspeist zu werden. Keiner von den vielen Mittagsgästen wollte von uns was wissen – wir blieben auf dem Tisch stehen, obwohl wir fast von allen Gästen berührt, zerdrückt und angehustet wurden.

Bis der Abend kam, bis die Nacht kam – und schon gleich die Polizeistunde, da kam noch schnell ein Liebespaar geschlichen, setzte sich an den Tisch und trank mitsammen ein Glas Bier.

Sie hatten auch noch Hunger – aber nicht viel Geld. Wie wärs mit den vier Semmeln?

Indem sich beide verliebt in die Augen sahen, aßen sie dazu – uns vier Semmeln.

Die beiden hatten gar nicht bemerkt, wie wir aussahen, denn Liebe macht blind …!

Im Jenseits

Ein Problem, das mich sehr interessiert, ist das Jenseits oder besser gesagt, ein Weiterleben nach dem Tode. Gedanken über das Jenseits kann man natürlich nur im Diesseits haben. Im Jenseits über das Diesseits nachzudenken ist schon zweifelhaft – vielleicht ausgeschlossen. Wenn der Mensch gestorben ist, ist er tot, – das ist sicher, also totsicher, wie man so sagt. Scheint es nur so, als wäre er tot, so ist er scheintot und kann in seltenen Fällen wieder lebendig werden und später nochmal sterben. Ist ein Mensch wirklich tot, so ist natürlich nur der Körper gemeint, denn die Seele lebt weiter, – aber diese ist unsichtbar, das ist wissenschaftlich einwandfrei bewiesen, da bei Röntgenaufnahmen, die alle inneren Organe des menschlichen Körpers zeigen, noch nie die Seele sichtbar gewesen ist. Die Seele flieht also unsichtbar aus dem menschlichen Körper. Aber wohin? Das wird die Seele schon selbst wissen. Ins Jenseits – und da entweder in den Himmel oder in die Hölle. Die Seele muß also allein wissen, wo sie hinflieht.

Nehmen wir z. B. an, die Seele des verstorbenen braven Bäckermeister Meier schwirrt ins Jenseits. Dem Herrn Meier ist seine liebe, unvergeßliche Frau vor vielen Jahren im Tode schon vorausgegangen, befindet sich also schon im Jenseits. Im Diesseits heißt es aber wie bekannt: Im Jenseits gibt's ein Wiedersehen. Wie kann nun die im Jenseits angekommene unsichtbare Seele des verstorbenen Herrn Meier die ebenfalls unsichtbare Seele der schon im Jenseits umherfliegenden Frau wiedersehen? Nun, sei es wie es sei. Diese beiden wollten sich ja wiedersehen.

Wie ist es aber mit der Kehrseite? Hat einer eine böse Schwiegermutter, so ein Ehemann getraut sich ja gar nicht zu sterben, aus Angst vor einem Wiedersehen im Jenseits. Sein einziger Trost ist vielleicht der, daß die böse Schwiegermutter nicht in den Himmel kommt, sondern in die Hölle. Überhaupt, wenn man mit all denen, die man im Diesseits schon nicht riechen kann, im Jenseits wieder zusammenkommen sollte, ist das allein schon ein schrecklicher Gedanke. Man denke an große Persönlichkeiten, so z. B. an Karl den Großen mit Napoleon – die Päpste mit Dr. Martin Luther usw. oder an die Kollegen im Berufsleben. Besonders vom Theater! Droben im Jenseits gibt es keinen Haß und Neid, das hält doch die Seele eines Kollegen nie aus!

Nun machen sich aber viele Menschen wieder ein anderes Bild vom Jenseitshimmel. Die Engel! Wo kommen denn die her? Die sind doch nicht unsichtbar, die haben goldenes Lockenhaar, haben zwei große Flügel und sind nackend, wenigstens die kleineren, die Amoretteln. Die Engel waren aber doch früher auch einmal Menschen, deren Seelen ins Jenseits geflüchtet sind. Dort haben sie Flügel bekommen. Das wird aber nur die weiblichen Wesen betreffen, vom ersten bis dreißigsten Lebensjahr. Ich könnte mir nämlich den oben benannten Herrn Bäckermeister Meier nicht so himmlisch vorstellen, wenn er nackend mit zwei großen Flügeln in den Wolken herumflattert – dann lieber unsichtbar! Die Meinungen gehen also hier sehr auseinander. Nun hat aber dieses angenommene Weiterleben nach dem Tode noch eine andere Seite. Auf Erden lebt der Mensch durchschnittlich 60 bis 70 Jahre. Das Leben ist aber mannigfaltig und bringt durch Arbeit, Freude, Sorgen und Leid usw. Abwechslung in die Bude. Wie ist das nun im Jenseits? Hier besteht keine Altersgrenze, sondern Ewigkeit. Also in Ewigkeit nur im Jenseits umherfliegen und als einzige Beschäftigung, wie uns aus der Bibel bekannt, nur Hosianna singen, das kann die ersten acht Tage ganz unterhaltlich sein, aber, man denke sich das ewig – das muß unbedingt langweilig werden.

Nun steht wieder eine Frage offen: Werden die Seelen oder die Engel im Jenseits auch älter, so wie dies im Diesseits der Fall ist? Wenn ja, dann muß also der erste Mensch, der selige Adam, der 7000 Jahre alt geworden ist, der erste Mensch gewesen sein, der im Paradies bei der Eröffnung des Jenseits Zutritt hatte. Der erste Mensch, der im Jenseits angekommen ist, kann aber der Adam doch nicht gewesen sein, da ihm seinerzeit der heilige Petrus mit dem Himmelsschlüssel die Pforte zum Jenseits geöffnet hat. Demzufolge muß der Petrus schon vor dem Adam im Jenseits gewesen sein. Er war sozusagen der himmlische Hausmeister, der heute noch auf seinem Posten steht und keinen hineinläßt, der im Diesseits böse war. Und doch stimmt das auch nicht! Petrus lebte doch erst lange Zeit nach der Paradiesgeschichte als Apostel auf der Welt, wurde später heiliggesprochen und nach seinem Tode kam er erst ins Jenseits. Der Adam kam also anscheinend ohne Kontrolle ins Jenseits, weil eben der Petrus noch gar nicht da war. Weiter nachgedacht, kann aber Petrus nicht als Seele allein die Welt verlassen haben, denn die unsichtbare Seele kann doch keinen Schlüssel in die Hand nehmen,

47

und wo kommt denn der Schlüssel her? Im Gegensatz zu allen anderen Jenseitsbewohnern, die müßig umherfliegen, wird dem Petrus als einzigem nicht langweilig werden, denn viele Jahrtausende das Himmelstor auf- und zusperren ist ausreichende Beschäftigung.

Wenn Wissenschaftler befragt werden um obige Angelegenheit des Weiterlebens, so ändert sich die Sache wiederum. Diese behaupten nämlich, daß es schon seit vielen Millionen von Jahren Menschen gibt, die inzwischen längst gestorben sind und jetzt das Jenseits bevölkern. Wieviel unzählige Trillionen Seelen im Jenseits schon weiterleben, ist niemals zu bemessen. Dabei geht das immer so weiter in aller Ewigkeit oder wenigstens so lange, als die Welt besteht. Es ist ein ewiges Kommen und Gehen und Seligwerden – also ein Fortleben nach dem Tode. Aber warum sollen wir Menschen uns darüber den Kopf zerbrechen. Wir werden es niemals ergründen. Aber, daß ein Mensch, der bereits das Diesseits verlassen hat, nicht nur im Jenseits, sondern auch im Diesseits und nicht nur seelisch, sondern genau wie er gelebt hat, weiterlebt, habe ich erst im Kino in einem älteren Film gesehen, in welchem ein vor Jahren verstorbener Filmschauspieler seine Rolle heute noch spielt. Es gibt also in unserer Gegenwart zwei Weiterleben nach dem Tode: Eines im Jenseits, und eines im – – Kino.

Does soll ma gar nicht glauben

I.

Was alles auf der Welt passiert
Das ist doch sonderbar
Doch dass ich rote Haare hab',
Das ist mir noch nicht klar.
Mei' Vater hat a Platt'n g'habt
Mei' Mutter de is braun,
Dass da a roter Bua entsteht,
Dös soll ma gar net glaub'n.

II.

III.

Um das braune Band

Originalszene von Karl Valentin und Liesl Karlstadt 1938

WERNER UND TRAINER: *(laufen aufgeregt über die Bühne)*

WERNER:
Unglaublich – ja gibt's denn dös a – in der letzten Minute sagt ma der ab –

TRAINER:
Um Gotteswillen was ist denn los Herr Werner – –

WERNER:
So was is mir no net passiert in meiner ganzen Laufbahn, in meiner ganzen Rennbahn – in meiner ganzen Rennlaufbahn[.]

TRAINER:
Ja was ist es denn – hat denn die oberste Stelle das Rennen verboten?

WERNER:
Was verboten – die oberste Stelle bin ich da heraussen, mir kann neamands was verbieten. Da lesen's –
(gibt ihm Telegramm)
Da ham ma den Salat[.]

TRAINER:
Ich kann mir gar nicht denken was Sie so in Aufregung
versetzt[.]

WERNER:
Redens net lang – lesen's[!]

TRAINER: *(Liest)*
Hochwohlgeborener Herr Rennstallbesitzer Werner! –
Leider bin ich gezwungen, das heutige Rennen wegen
Krankheit absagen zu müssen. Ein Furunkel, welches
gerade an einer kritischen Stelle sitzt, macht mir das
Reiten unmöglich. Hoffentlich findet sich zur Not ein
Ersatz, der die Northruth reitet.

WERNER:
Ersatz – Ersatz – wo soll ich in 10 Minuten vor dem
Rennen an Ersatz kriag'n, das ist ja unmöglich. Wegen
so einem kleinen Wimmerl so ein grosses Rennen
absagen.

TRAINER:
Verzeihung Herr Werner – es ist nicht wegen der Grösse
des Furunkels, sondern wegen der Stelle an dem es sich
befindet[.]

WERNER:
Was für a Stelle?

TRAINER:
[W]egen dem Platz meine ich[.]

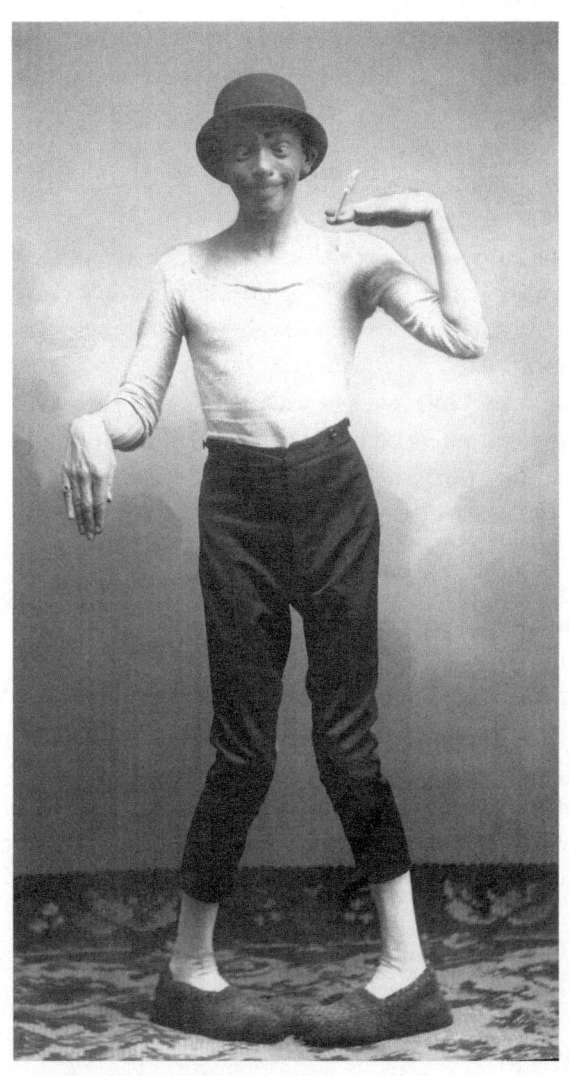

Karl Valentin in einer Soloszene als Athlet, 1915

WERNER:
Was für an Platz?

TRAINER:
No das können Sie sich ja denken[.]

WERNER:
Na, dös kann i mir net denken – ich hab noch nie a Furunkel g'habt.

TRAINER:
Ich mein so, Herr Werner – als Vergleich, wenn ein Trompeter an den Lippen ein Furunkel hat, dann kann er doch nicht blasen[.]

WERNER:
Was genga denn mich dem Trompeter seine wehen Lippen an[?]

TRAINER: *(sagt ihm leise was ins Ohr)*

WERNER:
Ah so – ausgerechnet da! *(schaut auf die Uhr)* 5 Minuten hats noch und wir ham noch kein Jockey – so mag ich's.

TRAINER:
Herr Werner, da schaun's hin, der bringt jetzt die Nortruht.

WERNER:
Ah ah, und so in Form ist das Pferd – aber was nützt mich das schöne Pferd wenn ich koan Jockey dazu hab

54

(schreit hinaus) Wo führst as denn hin? *(pfeift)* Gscherta Lump, da geh rei[!]

JOCKEY: *(Valentin) (kommt herein)*

WERNER:
Ja sag amal, wo warst denn jetzt hinganga mit dem Gaul?

JOCKEY:
Am Sattelplatz ummi, weil's Rennen glei angeht[.]

WERNER:
In Stall, kannst 'n wieder neiführn, weil ma koan Jockey ham. Alles is verlorn, die 100 000 Mark kann i mir am Nabel naufschreiben[.] Jessas jetzt fallt ma was ein – du kannst ma aushelfa *(zum Trainer)* heb amal den Gaul *(zieht Jockey weg)* Du muasst ma aushelfa.

JOCKEY:
I, Eahna aushelfa? *(macht mit Finger Bewegung)* dann bin i falsch unterrichtet – ich hab g'hört dass Sie 10 facher – – –

WERNER:
Ah, i moan ja net mit'n Zwuns – Zwuns hab i gnua – 's Rennen muasst reiten –

JOCKEY:
I – – warum i?

WERNER:
Weil der – – – – – – – – krank ist[.]

JOCKEY:
Was fehlt ihm denn?

WERNER:
Ein Furunkel!

JOCKEY:
Fehlt ihm?

WERNER:
Na, fehl'n tuats eahm net, aber ham tuat er oans[.]

JOCKEY:
Wo?

WERNER:
Dös woass i a net[.]

TRAINER: *(liest aus Telegramm den beiden vor)*
Ein Furunkel, welches gerade an einer kritischen Stelle
sitzt, macht mir das Reiten unmöglich.

JOCKEY:
I versteh dös net, dass ma wegen einem Furunkel ein
Rennen absagt.

WERNER:
Wegen dem Furunkel hat er ja net abg'sagt[.]

JOCKEY:
Aber zu mir haben Sie g'sagt wegen dem Furunkel[.]

WERNER:
Ja schon wegen dem Furunkel, aber es kommt doch
schliesslich drauf o, wo er dös Furunkel hat[.]

JOCKEY:
Ja meistens sitzt[s] hinten am Gnack[.]

WERNER:
Am Gnack hat er's net[.]

JOCKEY:
Auf der Nas'n?

WERNER:
Na – a net!

JOCKEY:
Auf'n Hirn?

WERNER:
Na, erst recht net, am Hirn werd no koana a Furunkel
g'habt ham[.]

JOCKEY:
Am Hirn? Dös glab i, a Freund von mir der hot do
drunter oans g'habt a so a Trumm, dass eahm 8 Tag der
Huat nimmer passt hat[.]

WERNER:
Also Schluss jetzt mit dem Furunkel, Du reitest mir jetzt
dös Rennats[!]

JOCKEY:
Ja i bin ja no net oft g'ritten[.]

WERNER:
Du brauchst doch net vui reiten, der Gaul lauft ja ganz
alloa.

JOCKEY:
Alloa? Ja wenn er alloa lauft, dann brauch ja i net mit-
reiten[.]

WERNER:
Geh red doch net so saudumm daher – na, na – – –
muass der ausgerechnet an Furunkel ham!

JOCKEY:
Ja wo hat er denn eigentlich, des Furunkel?
*Klingelinggeling! (Vom Startplatz herüber ertönt die Glocke,
das Rennen hat begonnen – Werner – Valentin und Trainer
horchen erstaunt, alle 3 schreien zusammen)* 's Rennen is
oganga[.]

WERNER:
Jessas, jessas, jessas, jetzt haben wir wegen dem saudummen Furunkel 's Rennen versäumt.

JOCKEY:
Weil Sie mir dös net g'sagt ham, wo der dös Furunkel
hat[.]

WERNER: *(wütend)*
Am Arsch hint hat as!

JOCKEY:
A, so – –! Ja da kann er freili net reit'n – –
(Besinnt sich) Ja! – grad da hätt er reiten soll'n –
dann wärs aufganga!

Die Mutter

Schauspiel 1940

(Sohn kommt von der Arbeit heim, geht in das Zimmer seiner alten gebrechlichen Mutter, die in einem Lehnsessel sitzt; sie ist schon 80 Jahre alt; sie weint bitterlich.)

SOHN:
Grüss Gott, Muatter! – – – – – – – No, – – – – – – bin i koan Gruss mehr wert? –

(Die Mutter schaut ihn nicht an und weint immer weiter. Das einzige, was man vernimmt, ist das Ticken der Wanduhr und das Schluchzen der Mutter.)

SOHN: *(Ganz erstaunt, hebt ihr den Kopf und schaut ihr ins Gesicht; erschrocken:)*
Ja Muatter, Du weinst ja! – – – Ja, was ist denn los? – – – Bist denn krank? – – – – – – *(Rüttelt die Mutter)* Muatter – – – – – Du – – – – – red', was ist g'schehn? – – – – – – Hat's Verdruss geb'n im Haus? – – – – – – Sag mir's, hat Dich wer beleidigt? – – – An dem vergreif i mi! – – – – – – Muatterl geh, bist krank, soll i an Doktor hol'n? – – – – – – Schau mir in d' Aug'n, Muatterl! – Wia i fortgangen bin, warst doch noch ganz guat beinand! – – – – – Du hast an seelischen Schmerz! I kenn Dir's an! Is mit der Schwester was los? – – – – – Wo is d' Fanny? – – – – – Fanny! – – – Fanny! – – – – *(Läuft in*

die Küche) Fanny! Wo bist denn? – – – – – Fanny!
Was is denn los? – – – Was is mit der Muatter g'schehn?
– – – Warum woant d' Muatter?

FANNY:
I woass net, sie sagt nix, sie sitzt nur da und woant.

SOHN:
Da muass doch was vorg'falln sein; hast mit der Muatter
an Streit g'habt?

FANNY:
Na Hans, i woass net, was d' Muatter hat!

SOHN:
Da is was vorg'falln, i lass mir's net nehma! – Muatter
red, hast Du mit der Fanny an Verdruss g'habt? Red
Muatter!

FANNY:
Hast Du was g'habt mit der Muatter, Hans?

SOHN:
I komm grad von der Arbeit hoam, i woass von gar nix;
i seh halt, dass d'Muatter da sitzt und woant.

FANNY:
Seit Mittag sitzt s' so da, i kenn mi net aus mit ihr.

SOHN:
Da stimmt was net, hast Du vielleicht d' Muatter beleidigt?

62

FANNY:
Na Hans, i tat dir's ja sag'n!

SOHN:
I muass wiss'n, was da los is! Muatter, i bitt Di um alls in
der Welt, sag mir's! Mir kannst alles anvertrau'n!

MUTTER:
Liaber Bua, Du kannst mir doch nimmer helfen!

SOHN:
Warum net, Muatter?

MUTTER: *(Mit zahnloser Stimme)*
Mei liaber Bua, mir is heut mei letzter Zahn raus-
brochen.

FANNY:
Was is der Muatter passiert?

SOHN: *(aufs Höchste überrascht)*
Aber Muatter! – – – – – Jetzt hätt i bald was g'sagt!
– – – – – – – – Weg'n Deinem alten Zahn machst
a solchas Theater! – – – I moan wunder was passiert
is! – – – – – – – – – Solche kindische Witz kannst
Dir mit einem Stiefkind erlaub'n, aber net mit
dem eigenen Sohn! – – – – – Heuer wirst 80 Jahr'
alt ......

FANNY:
Ja Muatter, 80 Jahr wirst heuer alt!

SOHN:
...... Jetzt moan i derfst bald aufhör'n mit Deiner
verfluchten »Eitelkeit«!

Mir pressierts

ER:
Du! Barbara! – Wart a bisserl – mir pressierts – i muass
schnell wohin.

SIE:
Aha! – Gell – i hab Dir's gleich g'sagt – auf die drei Mass
Bier hättst Du die zwoa Aepfel net ess'n soll'n.

ER:
Red' net lang – wo is' denn da – dös … Du woasst schon
was i mein …

SIE:
Wia soll denn dös i wissen – frag doch irgend einen
Herrn!

ER: *(zu einem Wiesenbesucher)*
Herr Nachbar, können Sie mir sagen, wo man da aus-
treten kann?

HERR:
.............: *(ein Stotterer)* Lei – – lei – – lei – – der
bin ich – auch – hier – – – fremd – ich – – a – bin –
von – Ro – Ro – Rosen – heim; ich bin – a –
nämlich [–]

ER:
Entschuldigens, bitte – mir pressierts! *(spricht wieder einen Herrn an!)* Ach bittschön Herr Nachbar – können Sie mir sag'n wo da ……

2. HERR:
Gleich hinter der Schei… Schiessbude – links[!]

ER:
Danke. Ah – weiss schon …

2. HERR: *(ruft ihm nach)*
Grad aus und dann links …

ER: *(Gemurmel vieler Männer vor den Toiletten)*
Auweh – da sieg i schwarz – solang kann i net wart'n –

EIN MANN *(aufgeregt)*
Nix, nix. Sie stell'n s' eana a hint'n o wia mir aa.

ER:
Dankeschön. – Hab's nicht mehr nötig.
(10 Sekunden Zwischenmusik)

SIE:
Ja bist denn Du scho wieder da?

ER:
Ja, dös is' schnell ganga.

SIE:
Du!

(Zieht die Nase hoch und schnufelt mehrere Male)
Du Benedikt! I glaub Du bist in was neitreten!

ER:
Warum? Sieht ma's schon?

SIE:
Na, sehen nicht – aber *(schnufelt wieder!)* Geh doch da
in die Wies'n nei und streif Dir da Deine Schuh gut
ab – denn Du muasst ziemlich tief in irgendwas neitreten
sei – vielleicht is' d'Hos'n auch unten voll?

ER:
Ja, wenn's nur *unten* voll wär …

*Karl Valentin in der »Messerwerfer«-Szene des Stummfilms »Karl
Valentin und Liesl Karlstadt auf der Oktoberwiese«, 1923*

SIE:
Benedikt! Du wirst doch wohl nich ……

ER:
Ja! – – je nun, man trägt was man nicht ändern kann.

Beim Arzt

Originalvortrag

ARZT:
Darf ich bitten, der Nächste. *(Tür klappen)*

PATIENT:
Grüss Gott Herr Arzt[.]

ARZT:
Grüss Gott Herr Meier, na wo fehlt's?

PATIENT:
O mei Herr Doktor, mit mein'm Mag'n stimmt's nimmer recht. jedesmal wenn ich g'essen hab, dann hab ich den Magen so voll.

ARZT:
Ja das ist doch keine Krankheit, das ist doch ganz logisch, wenn Sie in den Magen was hineintun, muss er ja voll werden, wie ist es denn wenn Sie nichts essen?

PATIENT:
Ganz das Gegenteil, dann fühl ich so eine Leere im Magen[.]

ARZT:
Na sehen Sie, dann ist doch Ihr Magen in Ordnung.

PATIENT:
Ja [a]ber wie kommt denn das dann, dass ich beim
Stiegensteigen so schnaufen muss?

ARZT:
Ja mein Lieber, da muss a Anderer auch schnaufen, aber
das hängt doch nicht mit dem Magen zusammen,
sondern mit der Lunge[.]

PATIENT:
Ja auf der Lunge bin ich g'sund, da fehlt mir nix, trotzdem ich mir vor 2 Jahren an Fuss brochen hab.

ARZT:
So an Fuss ham Sie sich brochen, wie ist denn das
passiert?

PATIENT:
Zuviel Alkohol hab ich dawischt[.]

ARZT:
Am Alkohol können Sie sich doch nicht den Fuss
brechen[.]

PATIENT:
Freili, b'suffa war i und da bin i auf einer ausländischen
Bananenschale ausg'rutscht und hab mir meinen eigenen
Fuss brocha.

ARZT:
Ja da war aber dann nicht der Alkohol schuld, sondern
die Bananenschale.

PATIENT:
Selbstverständlich war die Bananenschale schuld, weil ich
die net g'sehn hab und drum glaub ich, Herr Doktor,
dass mit meinen Augen nimmer 's richtige is, weil, wenn
ich z. B. daheim Zeitung lies, dann krieg i so Kreuzweh,
dass i 's lesen aufhören muss.

ARZT:
Aber lieber Herr Meyer, schlechte Augen können niemals
Kreuzschmerzen erzeugen.

PATIENT:
Dös kann schon sein, aber d'Augen und 's Kreuz müssen
doch eine heimliche Verbindung haben, weil man oft die

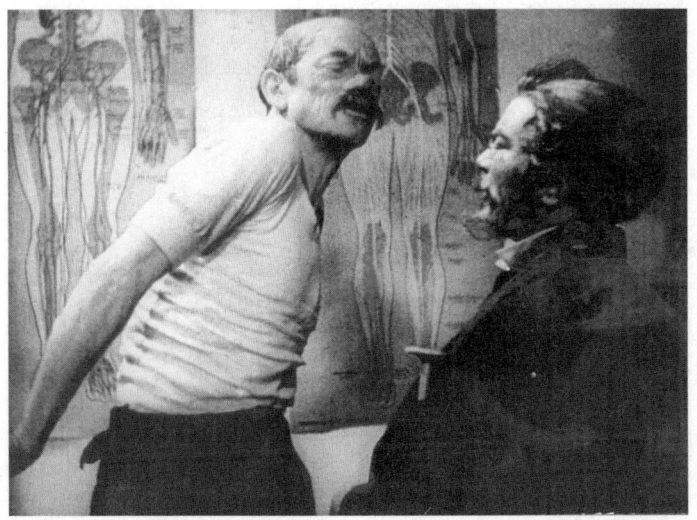

Karl Valentin und Liesl Karlstadt in einer Szene des Kurzfilms
»Beim Nervenarzt«, 1936

alten Leut' jammern hört, wenn's sagen: »Es ist schon ein rechtes Kreuz, wenn man nimmer gut sieht.«

ARZT:
Ja Herr Meier, Sie sollen halt weniger Zeitung lesen, dafür viel Obst essen, denn Obst ist gesund.

PATIENT:
Nicht für jeden Herr Doktor – a Bekannter von mir wäre beinahe an einer Zwetschgen erstickt.

ARZT:
Wie alt sind Sie denn schon Herr Meier?

PATIENT:
Schauns Herr Doktor, ich bin schon bald 10 Jahre älter als meine Frau – ja[.]

ARZT:
So, so – wie alt ist denn ihre Frau?

PATIENT:
Ja meine Frau die ist jetzt – das könnt ich Ihnen jetzt gar nicht sagen.

ARZT:
Nun ja, ist auch Nebensache – ist der Darm in Ord- nung?

PATIENT:
Von der Frau?

ARZT:
Nein nei, der Ihrige?

PATIENT:
Aso, der meinige – ja ja – selbstverständlich – im Vertrauen zu Ihnen gesagt[.] *(Pause von 3 Sekunden)*

ARZT:
So so, hahahaha – dann lieber nicht – dann verschreib ich Ihnen statt Rizinusöl lieber Opiumtropfen. Was haben Sie eigentlich für einen Beruf Herr Meier?

PATIENT:
Ich bin Leiternfabrikant[.]

ARZT:
Ha ha, Sie machen die langen Leitern für die Feuerwehr?

PATIENT:
Na na, ich mach die ganz winzig kleinen für die Laubfrösch[.]

ARZT:
Was Sie nicht sagen, sehr interessant, na ja, Leiter ist Leiter, aber dass wir wieder auf unser Thema zurückkommen Herr Meier, ausser einer kleinen Diarreh wüsst ich nicht was Ihnen fehlt, Sie sind vollständig gesund[.]

PATIENT:
Was, g'sund bin i! Mir wär's ja gnua, für was bin denn i dann bei der Krankenkasse?

Am Heubod'n

1937

ANNI:
Simmerl, Simmerl! wo bist denn?

SIMMERL:
Do!

ANNI:
Wo?

SIMMERL:
Do!

ANNI:
I seh Di ja net[.]

SIMMERL:
Desweg'n bin i do da[.]

ANNI:
Ja hörn tua i Di scho', aber seh'gn tua i Di net[.]

SIMMERL:
Ja dös sell ko' i scho' versteh, weilst halt im Finstern nix
siehst[.]

ANNI:
Aba warum hört ma nacha im Finstern was?

SIMMERL:
Ja warum? Hörst Du ebba jetzt grad was?

ANNI:
Freili'! Di hör i[.]

SIMMERL:
Warum grad ausg'rechnet mi?

ANNI:
Weil halt sunst wahrscheinli neamand da is[.]

SIMMERL:
Ja woasst Du dös g'wiss?

ANNI:
Freili woass i dös g'wiss, sunst tat i do ausser Dir no ebbs
hör'n.

SIMMERL:
Hörst Du mi denn a wenn i nix red?

ANNI:
Sell woas i net, red amal nix, ob i nacha was hör[.]

SIMMERL:
Ja jetzt pass auf, jetzt red i nix – Hast dös jetzt g'hört wia
i nix g'redt hab?

ANNI:
Ja tadellos – und dös hab i nacha g'hört wiast g'sagt hast
»hast dös g'hört wia i nix g'redt hab?[«]

SIMMERL:
So, dös hast g'hört? – Aber des andere net?

ANNI:
Was für a anders?

SIMMERL:
No ja, wia i nix g'redt hab[.]

ANNI:
Na, zuaghört hab i scho', aber g'hört hab i nix[.]

SIMMERL:
Dös is g'spassig, gell, mit dera Hörerei!

ANNI:
Ja, dös is wohl g'spassig. – Du Simmerl! probiern ma dös
gleiche mit'n sehn a, statt mit'n horch'n, schaug amal
net, ob i Di na seh?

SIMMERL:
Ja is scho recht, jetzt schaug i amal net – – jetzt hab i net
g'schaut, hast mi' g'sehn?

ANNI:
Na!

SIMMERL:
Hast mi wirklich net g'sehn?

ANNI:
Na g'wiss net, i hab Di ja z'erst a net g'sehn wiest g'schaut
hast.

SIMMERL:
Was? Da hast mi a net g'sehn?

ANNI:
Na!

SIMMERL:
Ja wo hast nacha da hing'schaugt?

ANNI:
Nirgends[.]

SIMMERL:
Warum hast denn dann nirgends hing'schaut?

ANNI:
Ja wo hätt i denn sonst hinschau'n soll'n?

SIMMERL:
Ja mei, zu mir her hätt'st schaun soll'n[.]

ANNI:
Im Finstern seh i Di doch net[.]

SIMMERL:
Ja warum net?

ANNI:
Wenn Du dös net woasst, wia soll's denn dann i wiss'n?
Wo i doch viel dümmer bin als Du[.]

SIMMERL:
Na Anni, dös kannst a net sag'n, mir zwei san scho'
gleich dumm, sunst kunnt ma net so saudumm
daherred'n.

ANNI:
War dös sau[d]umm, was mir jetzt grad gredt ham?

SIMMERL:
Na ganz saudumm no net[.]

ANNI:
No net? – Was is denn nacha ganz saudumm?

SIMMERL:
Ganz saudumm wär z. B. dös, wenn i zu Dir g'sagt
hätt' – Anni! Halt Dir amal d'Ohr'n zua, dann schaug
i ob i Di riach.

ANNI:
So, dös is ganz saudumm?

SIMMERL:
Ja, dös wär ganz saudumm!

ANNI:
O mei bin i saudumm, dass i net amal g'wusst hab, was
ganz saudumm is[.]

In der Apotheke

1937

(Ladenglocke)
V.:
Guten Tag, Herr Apotheker!

A.:
Guten Tag, mein Herr, Sie wünschen?

V.:
Ja, das ist schwer zu sagen.

A.:
Hahaha, gewiss ein lateinisches Wort?

V.:
Nein, nein, vergessen hab ich's.

A.:
Na ja, da kommen wir schon drauf, haben Sie kein
Rezept?

V.:
Nein!

A.:
Was fehlt Ihnen denn eigentlich?

V.:

Nun ja, das Rezept fehlt mir.

A.:

Nein, ich meine: Sind Sie krank?

V.:

Wie kommen Sie denn auf so eine Idee. schau ich krank aus?

A.:

Nein, ich meine, gehört die Medizin für Sie oder für eine andere Person?

V.:

Nein, für mein Kind.

A.:

Ach so, für Ihr Kind. Also, das Kind ist krank. Was fehlt denn dem Kind?

V.:

Dem Kind fehlt die Mutter.

A.:

Ach, das Kind hat keine Mutter?

V.:

Schon, aber nicht die richtige Mutter.

A.:

Ach so, das Kind hat eine Stiefmutter.

82

V.:
Ja ja, leider, die Mutter ist nur stief statt richtig, und deshalb muss sich das Kind erkältet haben.

A.:
Hustet das Kind?

V.:
Nein, es schreit nur.

A.:
Vielleicht hat es Schmerzen?

V.:
Möglich, aber e[s] ist schwer. Das Kind sagt nicht, wo es ihm weh tut. Die Stiefmutter und ich geben uns die grösste Mühe. Heut hab ich zu dem Kind gsagt, wenn Du schön sagst, wo es Dir weh tut, kriegst Du später mal ein schönes Motorrad.

A.:
Und?

V.:
Das Kind sagt es nicht, es ist so verstockt.

A.:
Wie alt ist denn das Kind?

V.:
6 Monate alt.

A.:
Na, mit 6 Monaten kann doch ein Kind noch nicht sprechen.

V.:
Das nicht, aber deuten könnte es doch, wo es die Schmerzen hat, wenn schon ein Kind so schreien kann, dann könnts auch deuten, damit man weiss, wo der Krankheitsherd steckt.

A.:
Hat's vielleicht die Finger immer im Mund stecken?

V.:
Ja, stimmt!

A.:
Dann kriegt es schon die ersten Zähne.

V.:
Von wem?

A.:
Na ja, von der Natur.

V.:
Von der Natur, das kann schon sein, da brauchts aber doch net schrein, denn wenn man was kriegt, schreit man doch nicht, dann freut man sich doch. Nein, nein, das Kind ist krank und meine Frau hat gsagt: »Geh in d'Apothekn und hol einen – – –?

A.:
Kamillentee?

V.:
Nein, zum Trinken ghörts nicht.

A.:
Vielleicht hats Würmer, das Kind.

V.:
Nein, nein, die tät man ja sehn.

A.:
Nein, ich mein innen.

V.:
Ja so, innen, da haben wir noch nicht reingschaut.

A.:
Ja, mein lieber Herr, das ist eine schwierige Sache für einen
Apotheker, wenn er nicht erfährt, was der Kunde will!

V.:
D'Frau hat gsagt, wenn ich den Namen nicht mehr
weiss, dann soll ich an schönen Gruss vom Kind ausrich-
ten, ah, von der Frau vielmehr, und das Kind kann nicht
schlafen, weils immer so unruhig ist.

A.:
Unruhig? Da nehmen Sie eben ein Beruhigungsmittel.
Am besten vielleicht: Isopropilprophe[n]ilbarbitursau-
resphenildimethildim[e]thylaminophirazolon.

V.:
Was sagn S'?

A.:
Isopropil ......

V.:
Wie heisst dös?

A.:
Isopropil ....

V.:
Jaaaa! Dös is! So einfach, und man kann sichs doch nicht merken!

Wo ist meine Brille?

1937

MANN:
Klara! – Ich finde meine Brille nicht. Weisst Du, wo meine Brille ist?

FRAU:
In der Küche hab' ich sie gestern liegen sehen.

MANN:
Was heisst gestern, vor einer Stunde hab' ich doch noch gelesen damit.

FRAU:
Das kann schon sein, aber gestern ist die Brille in der Küche gelegen.

MANN:
So red' doch keinen solchen unreinen Mist, was nützt mich denn das, wenn die Brille gestern in der Küche gelegen ist!

FRAU:
Ich sag' Dir's doch nur, weil Du sie schon ein paar Mal in der Küche hast liegen lassen.

MANN:
Ein paar Mal! – Die habe ich schon öfters liegen lassen, –
wo sie jetzt liegt, das will ich wissen!

FRAU:
Ja, wo sie jetzt liegt, das weiss ich auch nicht; irgendwo
wird s' schon liegen.

MANN:
Irgendwo! Freilich liegt s' irgendwo, – aber wo, – wo ist
denn irgendwo?

FRAU:
Irgendwo? Das weiss ich auch nicht – dann liegt s' halt
wo anders!

MANN:
Wo anders! – Wo anders ist doch irgendwo.

FRAU:
Ach red' doch nicht so saudumm daher, wo anders kann
doch nicht zu gleicher Zeit »wo anders« und »irgendwo«
sein! – Alle Tage ist diese Sucherei nach der saudummen
Brille, das nächste Mal merkst Dir halt, wo Du sie
hinlegst, dann weisst Du, wo sie ist.

MANN:
Aber Frau!!! So kann nur wer daher reden, der von einer
Brille keine Ahnung hat. Wenn ich auch weiss, wo ich sie
hingelegt hab', das nützt mich gar nichts, weil ich doch
nicht sehe, wo sie liegt, weil ich doch ohne Brille nichts
sehen kann.

FRAU:
Sehr einfach! Dann musst Du eben noch eine Brille haben, damit Du mit der einen Brille die andere suchen kannst.

Karl Valentin als »lustiger Ehemann« in der Szene »Ehescheidung vor Gericht«, 1933

MANN:

Hm!! Das wär' ein teurer Spass! 1000 Mal im Jahr verleg'
ich meine Brille; wenn ich da jedesmal eine Brille dazu
bräuchte, – die billigste Brille kostet 3 Mark – das wären
um 3000 Mark Brillen im Jahr.

FRAU:

Du Schaf! Da brauchst Du doch nicht 1000 Brillen!

MANN:

Aber 2 Stück unbedingt, eine kurz- und eine weitsichtige. – Nein, nein, da fang' ich lieber gar nicht an. Stell'
Dir vor, ich habe die weitsichtige verlegt und habe nur
die kurzsichtige auf, die weitsichtige liegt aber weit
entfernt, sodass ich die weitsichtigentferntliegende mit
der kurzsichtigen Brille nicht sehen kann!

FRAU:

Dann lässt Du einfach die kurzsichtige Brille auf und
gehst so nah an den Platz hin, wo die weitsichtige liegt,
damit Du mit der kurzsichtigen die weitsichtige liegen
siehst.

MANN:

Ja, ich weiss doch den Platz nicht, wo die weitsichtige liegt.

FRAU:

Der Platz ist eben da, wo Du die Brille hingelegt hast!

MANN:

Um das handelt es sich ja! – Den Platz weiss ich aber
nicht mehr!

FRAU:
Das verstehe ich nicht. – – – Vielleicht hast Du s' im Etui drinnen.

MANN:
Ja!!! Das könnte sein! Da wird sie drinnen sein! Gib mir das Etui her!

FRAU:
Wo ist denn das Etui?

MANN:
Das Etui ist eben da, wo die Brille drinnen steckt.

FRAU:
Immer ist die Brille auch nicht im Etui.

MANN:
Doch! – Die ist immer im Etui! –, ausserdem ich hab s' auf.

FRAU:
Was? – Das Etui?

MANN:
Nein! – Die Brille.

FRAU:
Jaaaaa! Was seh' ich denn da? – Schau' Dir doch einmal auf Deine Stirne hinauf?

MANN:
Da seh' ich doch nicht hinauf.

FRAU:
Dann greifst Du hinauf! – – Auf die Stirne hast Du
Deine Brille hinaufgeschoben!

MANN:
Ah! – Stimmt! – Da ist ja meine Brille! – Aber leider!?
(Sehr schnell)

FRAU:
Was leider?

MANN:
Ohne Etui!

Kopfwehpulver und Maler

[(]Ort der Handlung: Ein Wirtshaus)

VALENTIN:
Na Rudi, Du hältst noch immer Deinen Kopf? Hat denn
das Kopfwehpulver noch nicht gewirkt, das ich Dir vor
einer Stunde gegeben habe?

RUDI:
Nein! – – Ich spüre noch keine Erleichterung im Kopf,
aber eigenartig: im Bauch rumorts mir umeinander, als
hätte ich Rinzinusoel gesoffen.

VALENTIN:
Ha ha ha! – ich hab dir kein Rizinusoel gegeben –
da schau, da unten am Boden liegt noch das Papier;
da hast du's schwarz auf weiss. – – – Halt Rudi!! – –
Du hast recht! – – Ich hab dir etwas anderes gegeben – –
Peters Laxierpulver.

RUDI:
Um Gottes Willen!!!

VALENTIN:
Nur keine Angst! Das ist auch kein Gift.

RUDI:
Gift nicht – – aber ich danke schön – – Herr Ober!
– – Wo sind die Toill……

OBER:
Zweite Türe links!

RUDI: *(schnell)*
Danke! *(Man hört schnell verschwindende Schritte 3 +
Türklinke bewegen)*

WC GAST: *(stimme von innen)*
Besetzt!

RUDI:
Wie bitte?

WC GAST:
Beeesetzt!

RUDI:
Ich habe es eilig – – – –
(schlägt mit der Faust gegen die Türe)

WC GAST:
Besetzt! Hören Sie nicht gut?

RUDI:
Doch! Man hört alles raus – beeilen Sie sich, das WC ist
nicht für Sie allein da.

WC GAST:
Das weiss ich, aber ein altes Sprichwort sagt schon:
Wer zuerst kommt, mahlt zuerst[.]

RUDI:
Wieso malen? malen Sie dadrinnen[?] Wenn Sie ein
Maler sind, dann hören Sie zu malen auf und lassen
Sie mich hinein, Sie können doch dann wieder weiter-
malen.

WC GAST:
So warten Sie doch, bis ich ausgemalen habe[.]

RUDI:
Sie unverschämter Kerl, ich kann doch nicht so lange
warten, bis Sie den ganzen Abort ausgemalen haben[.]

WC GAST:
Ich male doch nicht den Abort[.]

RUDI:
Was denn sonst?

WC GAST:
Ich kann mich nicht anders ausdrücken[.]

RUDI:
Was heisst ausdrücken, drücken Sie aus was Sie wollen[.]

WC GAST:
Das tu ich ja sowieso[.]

RUDI:
Malen Sie in der Gaststätte solange sie in Betrieb ist den Hausflur, aber nicht das W.C.

WC GAST:
Im Hausflur kann ich doch nicht malen, wenn da irgend jemand daher käme, da müsste ich mich ja schämen.

RUDI:
Was heisst schämen? Beim Malen brauchen Sie sich doch nicht zu schämen, oder malen Sie schlecht? Aha, ein moderner Maler!

WC GAST:
O nein, in der Malerei gibt es keinen Unterschied, Sie malen genau so.

RUDI:
Ich? Ich kann nicht malen[.]

WC GAST:
Sie können nicht malen? Dann brauchen Sie auch nicht hier herein zu kommen. Zu Ihrer Beruhigung kann ich Ihnen sagen, dass ich mit meiner Malerei gleich fertig bin, einen Moment noch *(man hört Wasserspülung)* Einen Moment noch *(Tür geht auf)* Darf ich bitten! So, nun können Sie weiter malen[.]

RUDI:
Wo ist Ihre Malerei?

WC GAST:
Schon verschwunden!

Beim Zahnarzt

1940

ZAHNARZT:
Der Nächste bitte!

PATIENT:
Grüss Gott, Herr Doktor!

ZAHNARZT:
Nun, was haben Sie für Schmerzen?

PATIENT:
Ja, Zahnschmerzen, Herr Doktor; von vorgestern bis
heute hab' ich acht Nächte nicht mehr g'schlafen vor
lauter Zahnweh; ich hab' nämlich da hinten einen
hohlen Zahn.

ZAHNARZT:
Aha!

PATIENT:
Und wie einem ein hohler Zahn weh tun kann, das ist
mir unbegreiflich; denn wenn etwas hohl ist, dann ist
doch nichts mehr drin und wie einem das »nix« weh tun
kann, kann ich mir nicht erklären; da müssten doch so
viele Menschen auf der Welt fortwährend Kopfweh
haben!

ZAHNARZT:
Da haben Sie nicht ganz unrecht.

PATIENT:
Mei Mutter hat auch an der selben Stelle an hohlen Zahn g'habt; meinen Sie, Herr Doktor, dass ich vielleicht den hohlen Zahn von meiner Mutter geerbt hab'?

ZAHNARZT:
Das weiss ich nicht, denn ich habe Ihre Mutter nicht gekannt. – So, nehmen Sie bitte in diesem Sessel hier Platz!

PATIENT: *(mit zitternder Stimme)*
Ich bin so frei!

ZAHNARZT:
No – no – no – keine Angst; Sie zittern ja wie ein Zitherspieler! So, nun machen Sie mal den Mund recht schön auf. Und lassen Sie mir einmal den hohlen Zahn sehen!

PATIENT:
Ja Herr Doktor, san Sie neugierig; als Zahndoktor werd'n Sie doch schon einmal an hohlen Zahn g'sehn hab'n!

ZAHNARZT:
Ja, mein Lieber, ich muss doch den Zahn zuerst sehen, sonst kann ich doch denselben nicht ziehen.

PATIENT:
Ja, das Reissen is halt so a furchtbarer Schmerz, dös kann

Karl Valentin schneidet eine Fratze, 1930

ma ja kaum aushalten, wissen's Herr Doktor, wenn i mir a verrenkt's Knie wieder einrenken lass, dös is a ein furchtbarer Schmerz, aber da kann ich vor Schmerz die Zähn' zambeissen und des kann i beim Zähnreissen net machen, weil Sie sonst mit der Zange net neikommen.

ZAHNARZT:
Also, jetzt machen Sie keine Geschichten und machen Sie den Mund auf; Sie werden gar nichts spüren – ich zieh' Ihnen den Zahn mit Lachgas.

PATIENT:
Um Gottes Willen, das geht bei mir noch nicht; ich darf noch nicht lachen; mir ist vor 4 Wochen mei Tante g'storb'n, ich hab noch Trauer.

ZAHNARZT:
Ich sehe eben, den Zahn braucht man überhaupt noch gar nicht ziehen, den kann ich Ihnen noch plombieren. Ich bohr' Ihnen den Zahn jetzt aus. *(Bohrgeräusche)*

PATIENT:
Halt, halt!!! Was brauchen S' denn da noch ausbohren, der is ja so schon hohl.

ZAHNARZT:
Nein, nein, ich muss ihn ganz hohl machen und dann muss ich Ihnen den Nerv töten!

PATIENT:
Herr Doktor! Denken Sie an das fünfte Gebot: Du sollst nicht töten!

ZAHNARZT:
Ich muss den Nerv töten – und dann mache ich Ihnen eine Zementplombe hinein.

PATIENT:
Eine Zementplombe? Ist die teuer?

ZAHNARZT:
Eine Zementplombe kostet 7 Mark.

PATIENT:
7 Mark? Das ist mir zu teuer! Ja, wieviel Zement brauchen Sie denn dazu?

ZAHNARZT:
Ach, ganz wenig, vielleicht eine kleine Messerspitze voll.

PATIENT:
A Messerspitz' voll Zement – und des kost' 7 Mark! Dös macht mir mein Hausmaurer dahoam um a Mass Bier!

ZAHNARZT:
Ja mein lieber Mann, Sie sind ein schwieriger Patient! Ziehen soll ich Ihnen den Zahn nicht, plombieren soll ich nicht, dann setz' ich Ihnen halt eine Goldkrone auf.

PATIENT:
Ah!!! – Sie sind g'wiss a ehemaliger Hoflieferant!

Ueble Angewohnheiten

Schallplattentext von Karl Valentin und Liesl Karlstadt

K:
Ja wer kommt denn da daher, der Herr Gruber[.]

V:
Ja g[r]üss Gott Frau Eisele, darf ich Ihnen meinen
Freund vorstellen?

F:
Gell!

K:
Sehr angenehm, Eisele, ja und wie gehts Ihnen immer
Herr Gruber[?]

V:
Ja mei – an Mordsschnupfen hab ich g'habt vor 8 Tag,
gell, da bin ich in den Zug gekommen, gell, war erhitzt,
gell und schon hab ich an Schnupfen g'habt, gell – dann
hab ich mir eine Schnupfensalbe kauft, gell, und g'nützt
hat's nichts gell, da kann ich mich so ärgern, gell, an Telefon hams erfunden, gell, an Telegrafen, gell, an Radio,
gell, einen Fernsehapparat, gell, aber für an einfachen
Schnupfen hams heut noch nichts erfunden, gell, die
gescheiten Menschen, gell[.]

K:

Ja Sie Herr Gruber, ich merke ja da, dass Sie eine furcht-
bare Angewohnheit haben, sie sagen ja bei jedem dritten
Wort gell. Ist Ihnen das noch nicht aufgefallen?

V:

Stimmt, das haben mir schon mehr Leute g'sagt, gell[.]

K:

Da, jetzt ham sie's schon wieder g'sagt, das müssen Sie
sich abgewöhnen denn das wird immer ärger. Das ham
jetzt so viel Leute dieses Gellsagen. Das wird schon bald
eine Krankheit[,] eine Eptimedi[.]

V:

Deptimechi! Das ist ja schrecklich, gell[.]

K:

Da [h]aben sie's schon wieder gsagt! Schaun Sie im Jahre
1845 wütete in München die Cholera. Seit dieser Zeit
sind wir Gott se[i] Dank von Pesten verschont geblieben.
Es gibt gefährliche und ungefährliche Pesten und
Seuchen. Seit einigen Jahren wütet nun in München
und Umgebung beinahe in ganz Bayern die Gellpest.
Der davon Befallene weist körperlich und seelisch nicht
die geringsten krankhaften Symptome auf, hab ich
gelesen in der Zeitung, der Blutdruck ist normal, alle
Körperteile sind intakt bis auf die Zunge. Man könnte
diese Pest statt »Gell«pest auch Zungenpest betiteln,
hab ich gelesen in der Zeitung. Ob es eine kr[a]mpf-
artige Vibration des Sprachmuskelgewebes ist, ist noch
nicht festgestellt. In der Klinik, Abteilung Sprach-

störungen können die von der Gellpest Befallenen schon
seit Jahren wegen Platzmangel nicht mehr aufgenommen
werden[.]

V:
Ja um Gotteswillen, glauben Sie, dass ich die Gellpest
schon hab?

K:
Ja noch nicht so stark, Sie sagen nach jedem Satz gell,
aber da gibts ja Menschen, die können schon bald
überhaupt nichts mehr sagen wie gell[.]

V:
No mei' Freund, der Wimmer, du hast dann schon die
Gellpest[.]

K:
Ja heissen denn Sie Wimmer, Sie haben sich doch
vorgestellt als Gell?

V:
Ja weil er nichts mehr anders sagen kann als gell –
red amal Wimmer[.]

F:
Gell gell gell gell gell gell gell gell gell gell gell gell gell
gell gell[.]

K:
Das ist ja schrecklich, der Herr kann ja wirklich nichts
mehr anders sagen wie gell – gell[.]

V:
Jetzt sagn sie auch schon gell – gell – – – –!

Vergesslich

Von Karl Valentin und Liesl Karlstadt 1940

V:
Ah, eine gute Bekannte, die Frau ......, no, jetzt weiss ich Ihren Namen nicht mehr.

K:
Das sieht Ihnen wieder ähnlich, wir haben aber doch so lange in einem Haus gewohnt, in der Dingsstrasse ......

V:
Ja stimmt, freilich, freilich, die Frau Schweighofer sind Sie!

K:
Nein, nein, im Gegenteil, ein ganz kurzer Name ......

V:
Jetzt hab ich's: die Frau Lang!

K:
Nein, nein, ein kurzer Name ist es doch! – Ich könnt's Ihnen schon sagen!

V:
Frau Mayerhofer!

K:

Jaaaa, ganz richtig! Und Sie sind Herr Hofmayer!

V:

Ja stimmt! Wissen Sie noch, wie wir die beiden Namen immer am Anfang verwechselt haben? – Ja ja, Frau Mayerhofer, es ist gut, dass ich Sie eben treffe, ich wollte Ihnen etwas wichtiges sagen und jetzt weiss ich momentan nicht, was – ddddd – was war denn das?

K:

Ja, das geht mir auch oft so!

V:

– ddddd – was war das nur? – Hm hm hm, es ist zum Kotzen!

K:

War es was Geschäftliches?

V:

Nein, nein, es war …… weil ich mir auch noch dachte, das muss ich Ihnen sagen, wenn ich Sie treffe.

K:

Ja lieber Gott, man wird eben älter und damit auch vergesslicher!

V:

Das stimmt! – – Was wollt' ich nur sagen?! – – Fällt mir nicht mehr ein.

Karl Valentin und Liesl Karlstadt privat, fotografiert im
Münchner Fotoatelier Fritz Witzig, 1928

K:

Mir gehts auch so; ich war gestern in – – – – no – – – –
no – – – – no – – – – no – – – – wo war das gleich?!
– – – – In ddddd – – –

V:

Daheim?

K:

Nein, nein, – in daheim war ich nicht, in – – – –
no – – – –, sagn's mir's doch!

V:

Ich hab' keine Ahnung, wo Sie waren!

K:

Ja, das glaub' ich schon, dass Sie das nicht wissen, ich
weiss ja selber nicht! – – – – In – – – – nun ja, es ist ja
Nebensache, – und da habe ich geschäftlich zu tun
gehabt; da sollte ich, – da sollte ich – – – – – – –

V:

Genau so geht's mir auch immer; da lauf' ich oft daheim
ins andere Zimmer hinüber, und wenn ich drüben bin,
weiss ich nimmer, was ich wollte.

K:

Ich bin einmal zu einem Arzt gegangen wegen meiner
Vergesslichkeit, und wie ich beim Arzt war und der fragte
mich, was mir fehlt, – meinen Sie, mir wär's noch
eing'fallen! – Da hab' ich ganz vergessen, dass ich wegen
meiner Vergesslichkeit zu ihm gegangen bin.

V:

Man soll sich alles aufschreiben, dann vergisst man's nicht.

K:

Das hab' ich auch schon probiert – das kann ich nicht!

V:

Warum nicht?

K:

Weil ich immer vergess', dass ich einen Bleistift mitnehm' und a Papier.

V:

Einmal hab' ich etwas nicht vergessen. Da hab' ich mir was Wichtiges merken wollen, dann hab' ich mir gesagt: Ach, dös hat gar keinen Wert, wenn ich mir das merken will, denn das vergess' ich ja doch! –, und was meinen Sie? – Ich hab' mir's gemerkt!

K:

Ja, und was war das?

V:

Jetzt weiss ich's nimmer!

Schwierige Auskunft

1940

K:
Sie bitte, wie komme ich denn hier am schnellsten zum Bahnhof?

V:
Da sind Sie noch weit weg, da müssten Sie entweder gehen oder fahren. Wenn Sie fahren, sind Sie vielleicht in 15 Minuten dort, aber zu Fuss brauchen S' bedeutend länger.

K:
Und wie geht man denn da, wenn man zu Fuss geht?

V:
Da gibt es 3 Wege. Entweder Sie gehen gerade aus und dann über den grossen Platz, oder Sie gehen durch den Stadtpark und bei dem Hotel vorbei, oder Sie gehen am kürzesten durch die Passage durch und zwischen dem Kaufhaus und der Markthalle durch. Dann kommen Sie direkt hin.

K:
Ja, ich hab' aber höchste Zeit, denn um 15 Uhr 20 geht schon mein Zug, und jetzt ist es schon 15 Uhr 10.

V:
Ja, dann ist es g'scheiter, Sie geh'n den Kasernenweg
entlang bei der Autotankstelle vorbei und da können S'
dann nochmal fragen.

K:
So – da soll ich dann nochmal fragen; ja, geht denn keine
Strassenbahn hin?

V:
Ja mit der Strassenbahn ist es überfüllt, wissen S',
da kriegt man so wenig Platz und z'erst muss man so
lange warten und schliesslich kommt's dann und ist
besetzt.

K:
Also dann ist das auch nichts – und ich habe schon
höchste Zeit, o mei, o mei, wenn ich Sie nur besser
versteh'n tät!

V:
Ja, ich kann schon lauter reden!

K:
Nein, nicht lauter!

V:
Leiser?

K:
Nein, deutlicher sollen Sie reden!

V:
Ja deutlicher kann ich nicht reden!

K:
Haben Sie einen Sprachfehler?

V:
Nein, nein!

K:
Reden Sie immer so undeutlich?

V:
Nein, nur wenn ich auf der Strasse was g'fragt werd'.

K:
Ja, Sie brauchen ja nur Ihren Mund weiter aufmachen
beim Sprechen!

V:
Dös trau i mir net.

K:
Warum nicht?

V:
Weil i zum Zahnarzt muss.

K:
Beim Zahnarzt müssen S' an Mund auch weiter aufmachen!

V:

Ja, da macht's ja nichts mehr. – Mir ist nämlich heut'
mei Goldplombe locker word'n und da hab' i Angst,
dass ma rausfällt, wenn ich an Mund aufmach'. Und da
muss ich jetzt so obacht geb'n und kann den Mund net
aufmachen.

K:

Und ausgerechnet Sie muss ich fragen um Auskunft!

V:

Ah, das macht mir nichts!

K:

Ja, Ihnen macht's freilich nichts, aber mir macht's was!

V:

Wieso?

K:

Ja – weil ich an Zug versäumt hab'!

Hohes Alter

VALENTIN:
So, So! Sie sind ein Vegetarianer?

B.:
Ja! Ich lebe nur vegetarisch.

V.:
Essen Sie gar kein Fleisch?

B.:
Nein! Nie!

V.:
Bier trinken Sie auch keines?

B.:
Überhaupt keinen Alkohol.

V.:
So? – Was trinken Sie dann?

B.:
Limonade, Kräutertee, Quellwasser usw.

V.:
Schmeckt Ihnen das?

B.:
Ausgezeichnet!

V.:
So! – Dann geh'n Sie auch in kein Wirtshaus?

B.:
Nie! – Nur in vegetarische Restaurants.

V.:
Weißwürste mög'ns auch keine?

B.:
Pfui! Das ist ja auch Fleisch!

V.:
Aber guat sans!

B.:
Geschmacksache!

V.:
Kaffee trinken Sie aber schon?

B.:
Coffein ist doch Gift!

V.:
Aber Tee?

B.:
Im Tee ist Teein enthalten – auch Gift.

V.:

Sie könnten ja gleich sagen: »Im Brot ist Brotin.«

B.:

Im Brot ist auch Gift, da bekommen Sie Blähungen, und Blähungen schaden der Gesundheit.

V.:

Ja, ja, aber es heißt doch: »Unser tägliches Brot gib uns heute.«

B.:

Das schon – aber mit Maß und Ziel!

V.:

Ja, wie ist es dann mit den Frauen? Sind Sie verheiratet?

B.:

Nein! – Ich bin Junggeselle! – Oh! Diese Weiber!

V.:

So, Sie sind auch Weiberfeind! – Dann müssen Sie aber viel Junggesellensteuer bezahlen?

B.:

Lieber das, als das.

V.:

Rauchen Sie viel?

B.:

Bin Nichtraucher.

V.:

Sie wollen also von all den Genüssen des Lebens
nichts wissen, weil Sie eine Gefährdung für Ihr Leben
fürchten?

B.:

Ja!

V.:

Da kann ich Ihnen aber ein Beispiel geben von meinem
Freund, dem Meitinger Toni, der allerdings erst kurz
gestorben ist. 89 Jahre alt ist er geworden; ein lustiger
Tropf war er, der sein Leben genossen hat, und recht hat
er g'habt! Unzählige Riesenräusch hat er schon
hoamtrag'n in seinem Leb'n!

B.:

So! 89 Jahre wurde der Mann nur alt? Der hat jedenfalls
mit Wein, Weib und Gesang zuviel gesündigt!

V.:

Ja, ja, seit seinem 20. Lebensjahr bis zu seinem 89. hat er
von den Lebensgenüssen, solange es eben gegangen ist,
Gebrauch gemacht. Bis kurz vor seinem Tode hat er noch
Virginia geraucht! Und vom Hoamgeh'n war er gar
koaner; draht hat er, wia der Lump am Stecka; wie man
so sagt. – Und die Weißwürst und Kalbshaxen, die der
Mann schon verschlungen hat in seinem Leben! Wieviel
Ochsen, Kälber und Säu wird er schon vertilgt hab'n in
seinem langen Leben! Und wieviel Fässer Bier wird er
schon geleert haben! Und allaweil war er g'sund und
lustig!

120

B.:

Ja, ja, aber stellen Sie sich vor, wenn der Mann von Jugend auf statt dem vielen Bier nur reines Quellwasser und Minzentee getrunken hätte und den Weibern fern geblieben wäre, und in seinem Leben nie geraucht hätte, und statt den Weißwürsten und Kalbshaxen nur vegetarisch gelebt hätte, in der früh Gymnastik getrieben hätte in Licht, Luft und Sonne, dann wäre er statt 89 vielleicht 90 Jahre geworden. – Der Mann ist selbst schuld, an seinem frühen Tod!

Herr Leidenreich

1941

HERR GESUNDIG:
Ja grüss Gott, Herr Leidenreich, wie geht's immer?

H. LEIDENREICH:
O mei Herr Gesundig, – nicht gut – gar nicht gut!

HERR GESUNDIG:
Sie schau'n aber nicht schlecht aus.

H. LEIDENREICH:
Ja ausschau'n – aber innen – o jeh, da schaut's anders aus!

HERR GESUNDIG:
Was innen? Ja, fehlt's am Herz?

H. LEIDENREICH:
Auch – aber in den Füssen ......

HERR GESUNDIG:
In den Füssen? – Ja, d' Füss hat man ja net innen, die hat man doch aussen.

H. LEIDENREICH:
Na – innen in de Füss fehlt's.

HERR GESUNDIG:
Ja, was fehlt denn da, Herr Leidenreich?

H. LEIDENREICH:
– – – – – *und* im Kopf, ojeh, *und* die Schmerzen ....

HERR GESUNDIG:
Ja, innen in de Füss können S' doch keine Kopfschmerzen hab'n!

H. LEIDENREICH:
Dös hängt alles mit der Milz zusammen, hat mir meine Frau g'sagt, weil ich nach dem Essen immer einen argen Druck in den Lenden verspüre.

HERR GESUNDIG:
A, dös wird net so schlimm sein!

H. LEIDENREICH:
Dös is schon schlimm, weil das ganze Nervensystem darunter leidet – meine Magennerven sind schon sehr angegriffen!

HERR GESUNDIG:
Geh, Herr Leidenreich, wer wird denn Ihre Magennerven angreifen; die sind doch innen im Körper, die kann man ja gar nicht angreifen!

H. LEIDENREICH:
Haben Sie noch nichts gelesen vom Vagus und vom Sympathischen Nervensystem?

HERR GESUNDIG:
Na! Ich hab nur die Gastwirtszeitung abonniert, da steht
so was net drin!

H. LEIDENREICH:
O mei, so saudumm kann nur a g'sunder Mensch
daherreden! – Wenn mein Blutdruck net erhöht wäre,
dann wär i ein ganz anderer Mensch. Durch den er-
höhten Blutdruck leidet jedes Gefäss.

HERR GESUNDIG:
Jedes? Ja, jeder Mensch hat doch nur ein Gesäss?!

LEIDENREICH:
Ge*fäss*! – Nicht Gesäss!

GESUNDIG:
Gefäss? Was ist denn dös?

LEIDENREICH:
Ja mei, Sie versteh'n ja gar nichts vom menschlichen
Körper! Sie müssen Doktorbücher lesen[.] Gefässe –
das sind die Arterien und Venen, in welchen das
Blut fliesst, und diese Arterien sind bei mir in Mit-
leidenschaft gezogen; aber die Salbe, mit der ich
mich jetzt seit 3 Tagen einreibe, macht diese Arterien
wieder geschmeidig. Ich spür' heut schon eine Erleichterung.

GESUNDIG:
So, *wo* reibens Ihnen da ein mit dieser Salbe?

LEIDENREICH:
Auf der Brust!

GESUNDIG:
Auf der Brust? Aeusserlich?

LEIDENREICH:
Natürlich äusserlich! Innerlich könnte ich mich ja net
einreiben!

GESUNDIG:
Und wo sind die Arterien? Die sind doch innen?

LEIDENREICH:
Die sind innen!

GESUNDIG:
Und aussen reibens Ihnen ein?! Dös is mir noch net ganz
klar; da is doch d' Haut dazwischen!

LEIDENREICH:
Ja natürlich, die Salbe dringt doch durch die Haut durch!

GESUNDIG:
Bei Ihnen?

LEIDENREICH:
Ja, bei Ihnen auch.

GESUNDIG:
Bei mir? Ich hab mich ja net eing'rieben!

LEIDENREICH:
Nein, ich mein: bei jedem Menschen!

GESUNDIG:
Ja, hat denn jeder Mensch solche Arterien, die man mit
einer Salbe einreiben muss?

LEIDENREICH:
Nein, jeder doch nicht; das wär ja traurig!

GESUNDIG:
Ja, mir z. B., mir fehlt nix; ich war noch nie krank!

LEIDENREICH:
Dös is eben der Fehler, weil Sie keine solchen Medizin[-]
Bücher lesen.

GESUNDIG:
Na, na, ich les' mei' Gastwirtszeitung; i möcht g'sund
bleib'n!

Schamgefühl

Mai 43

Eine alte, sehr fromme Bäuerin auf dem Lande klagt seit längerer Zeit über Schmerzen im Unterleib. – Der Bauer meint: »Ja mei, Kathi, da muasst halt doch amal in d'stadt eini fahr'n zu an Dokta, da werd' nix anders übrig bleib'n« und schweren Herzens, färt die Bäuerin am andern Tag zu einem Doktor. Als sie wieder zuhause ankam frug sie der Bauer. »Na, was hat denn der Dokta g'sagt?«

»Ja, mei« sagt d'Bäuerin, »a Salb'n hat er mir verschrieb'n, da sollt i mir s'Handglenk damit einreib'n.« – – S'H[a]ndglenk«? – – sagt der Bauer, – »ja, d'Schmerzen hast doch im Unterleib« »Freili, hab i d'Schmerz'n im Unterleib« sagt d'Bäuerin, »I hab aber g'sagt, zum Dokta, »An der Hand hab' i d'Schmerz'n, denn wenn i g'sagt hätt' am Unterleib, dann hät' i mich sicher vor dem Dokta nackert ausziag'n müass'n.[«]

Geräusche

1941

VALENTIN: *(schlürft Suppe)*

HERR ZISSBIBELDIP:
Na, na, na, das ist ja allerhand, wenn Sie schon nicht
geräuschloser essen können, dann fressen Sie in Zukunft
daheim, nicht im Restaurant!

VALENTIN:
Das würde ich schon machen, aber meine Frau kann das
Schmatzen und Schlürfen und die sonstigen Geräusche
der Mahlzeit nicht hören.

HERR ZISSB.:
So, Ihre Frau kann das nicht hören; aber die fremden
Leute im Restaurant, die neben Ihnen sitzen, die müssen
sich das anhören!

VALENTIN:
Müssen nicht, – die brauchen sich ja nicht um mich
herum setzen.

H. ZISSB.:
Wenn aber sonst kein Platz mehr da ist?

VALENTIN:

Dann schon! – Sie sind eben ein empfindlicher Mensch!
Sie müssen doch auch auf der Strasse gehen; da hören Sie
den Strassenlärm, die Autos knattern, oben in der Luft
surren die Flieger ….

H. ZISSB.:

Sie werden doch nicht das Geräusch eines Flugmotors
mit Ihrem Schmatzen vergleichen wollen!

VALENTIN:

Selbstverständlich nicht! Das ist doch tausendmal lauter! –
Nun, da seh'n Sie ja, wie kapriziös Sie sind! Die Flieger
und der Strassenlärm regen Sie nicht auf, aber meine
kleine Mundbewegung beim Essen macht Sie nervös!

H. ZISSB.:

Ein Flugmotor surrt; das ist ein mechanisches Geräusch,
weil es von einer Maschine erzeugt wird.

VALENTIN:

Das ist richtig. – Aber Sie können von mir nicht verlangen, dass ich beim Essen surren soll; das ist mir nicht
möglich – nicht einmal, wenn ich ein »Surrhaxl« verspeisen würde! – Sie sind halt ein geräuschempfindlicher
Mensch! – – Da – haben Sie's soeben gehört!? Der Herr
da drüben hat geschneuzt! Warum beschweren Sie sich
nicht über das Nasengeräusch?

HERR ZISSB.:

Ja ich kann doch dem Mann das Schneuzen nicht
verbieten!

132

VALENTIN:
So, das können Sie nicht! Aber mir wollen Sie das Essen
verbieten!

H. ZISSB.:
Das Essen nicht! – Ueber Ihr Schmatzen hab' ich mich
aufgeregt, und das mit Recht!

VALENTIN: *(niesst)*

H. ZISSB.:
Zum Wohl! – Gesundheit! – Helf Gott!

VALENTIN:
Was wollen Sie mit der dummen Bemerkung?

H. ZISSB.:
Nun ja, wenn jemand niesst, so sagt man zu demjenigen,
der genossen hat: Gesundheit!

VALENTIN:
Das finde ich aber sehr komisch! Zu einem Nasenge-
räusch, das eigentlich nicht sehr hygienisch ist, sagen Sie:
Gesundheit!, und über das Schmatzen beim Essen regen
Sie sich auf.

H. ZISSB.: *(tut soeben einen Schnackler)*
Hupp! – Verzeihung!

VALENTIN:
Was soll ich denn verzeihen?

H. ZISSB.:
Hupp! *(Schnackler)* Sie sollen mir verzeihen, weil ich
einen Schnackler getan habe.

VALENTIN:
Schnackeln Sie ruhig weiter, ich bin ja nicht so kindisch
wie Sie, dass ich mich über Ihren Schnackler aufrege.
(Lässt einen sogen. Magenkopper)

H. ZISSB.:
Na hören Sie, alles was recht ist! Benehmen Sie sich doch
am Biertisch anständig!

VALENTIN:
Ich habe mich ja über Ihren Schnackler auch nicht
aufgeregt. Was kann ich denn dafür, wenn ich eine
Magenblähung habe, das ist doch nur überflüssige
Luft!

H. ZISSB.:
Lassen Sie Ihre Luft ausströmen wo Sie wollen, aber
nicht in meiner Gegenwart; merken Sie sich das für die
Zukunft!

Eine heikliche Anregung für Erfinder
in der Klosettfabrikations=Jndustrie

Täglich laufen hunderte von Erfindungen in den Patent-
büros im Jn und Auslande ein. – Es ist nun eine heikle
Sache, eine Anregung für Erfinder zu geben, die ein Thema
behandelt, von der man nicht gerne spricht, weil es sich
zwar um etwas ganz menschliches, aber sehr Unästheti-
sches handelt. Jch spreche nun mit dem Leser per Du, weil
es mir leichter fällt.

Jst es nicht eine peinliche Angelegenheit, wenn Du, und
sei es das feinste Etablissement, Hotel, Theater, Restaurant
oder auch Privat, auf das Klosett musst und hinterlässt du
beim Weggehen aus demselben ein von Dir Erzeugtes
nicht gerade »Nach Veilchen duftendes Klima« und draus-
sen vor der Klosetttüre wartet schon Dein Nachfolger.

Wie schämst Du Dich, wenn Du das Klosett verlassen
hast, über Deine duftende Hinterlassenschaft und wie
peinlich ist es erst Deinem Nachfolger, der gezwungen ist,
nach Dir diese Parfümkajüte auf einige Zeit benützen zu
müssen. Jst dir nicht einmal an dem bekannten Örtchen
die Jdee aufgetaucht, warum erfindet man nicht irgend
etwas, was diese fatalen Gerüche im Moment der »Aus-
strömung« gleich entfernt. Die menschliche Ausschei-
dungsmasse kann man sofort mit Wasser wegspülen,
warum nicht auch das »Gas«.

Heute im Zeichen der Technik (Ventilatoren, Exhaus-
toren, Entstaubungsturbinen u.s.w.) wäre es doch etwas

Leichtes irgend einen kleinen billigen Luftabsauger herzustellen, welcher in dem Moment in Funktion tritt, wenn der Mensch auf dem Klosettsitz Platz genommen hat.

Alles weitere Überflüssig.

Erfinder an die Arbeit!

Bestätigung

Endesunterzeichneter verp[f]lichtet sich, Herrn Karl Valentin-Fey an dem Fabrikationsartikel (Clo=Vaku[u]m) bei einer eventl. Auswertung mit einem kleinen Prozentsatz zu beteiligen.

Pessimistischer Optimismus

HERR LANG *zu Herrn Valentin:*
.... So so, Sie sind Pessimist?

VAL.:
Und Sie? – Optimist!

LANG:
Ja!

VAL.:
Sie sehen also alles rosig.

LANG:
Jawohl, – alles!

VAL.:
Die Rosen auch?

LANG:
Na – die werden Sie doch auch rosig sehen!

VAL.:
Die schon – aber das ist aber auch das einzige, was ich rosig sehe[.]

LANG:
Wie sehen Sie denn die Welt?

VAL.:
Nur unrosig! – Wenn es auch in einem alten Lied heisst:
Ja, die Welt ist schön!

LANG:
Warum? – Finden Sie die Welt nicht schön?

VAL.:
Nein – – Wa[s] soll denn da schön sein? Das unschöne
geht doch schon mit der Geburt an! – Oder ist vielleicht
die Geburt etwas Schönes? Fragen Sie mal darüber eine
Hebamme oder einen Geburtshelfer –

LANG:
Na gut – – schön ist das nicht, aaber – – es ist halt mal
so!

VAL.:
Ja – – das – »Es ist halt mal so!« – – ist ja schon nicht
schön! Schön wäre nach meiner Ansicht, wenn es nicht
so wäre.

LANG:
Na – – wenn es nicht so wäre, dann wären Sie ja nicht
auf der Welt[.]

VAL.:
Ja, das wäre doch schön!

Karl Valentin als der personifizierte Zweifel an allem in dem Stück »Umzug in Giesing«, 1938

LANG:
Wenn aber alle so denken würden wie Sie, dann wäre doch niemand auf der Welt.

VAL.:
Ich sage Ihnen doch – – dann wäre es doch schön.

LANG:
Für wen?

VAL.:
Für die Menschen, welche nicht auf der Welt sein müssten!

LANG:
Menschen, die noch nicht auf der Welt waren, können doch nicht unterscheiden, ob es auf der Welt schön ist oder nicht!

VAL.:
Das Schöne ist doch das, dass diese Menschen noch nicht auf der Welt waren!

LANG:
Wie meinen Sie das?

VAL.:
Ein Beispiel: – – haben Sie schon etwas gehört vom dreissigjährigen Krieg?

LANG:
Gewiss!

140

VAL.:
Was haben die Menschen, die zu dieser Zeit gelebt
haben, alles mitgemacht? Können Sie sich das vorstellen?

LANG:
Ja, diese Menschen haben Furchtbares erlebt! – – Alle
Schrecken des Krieges – – dazu noch Hungersnot und
Pestilenzen.

VAL.:
Na also – – hätten Sie zu dieser Zeit auf der Welt sein
wollen?

LANG:
Nein, – gewiss nicht!

VAL.:
Sehen Sie – – war das nicht schön, dass Sie zu dieser Zeit
nicht gelebt haben?

LANG:
Stimmt!

VAL.:
Also, daraus ersehen Sie doch, dass es für einen Menschen schön sein kann, selbst wenn er noch nicht gelebt
hat – – und genau so schön ist es für den Menschen,
wenn er nach seinem Erdendasein nicht mehr lebt!

LANG:
Ja – aber das Leben selbst haben Sie ja ganz über-
sprungen in Ihrer philosophischen Schilderung.

VAL.:
Einen Moment – – – es gibt allerlei Leben – – – es gibt
zum Beispiel ein kurzes Leben – – ein Kind wird
geboren, und nach einer Stunde schon stirbt es. War
das ein schönes Leben?

LANG:
Nein! – – – Aber es gibt doch auch ein langes Leben
– – – es gibt doch Menschen, die über 100 Jahre lang
leben? Und oft wünschen, noch länger zu leben.

VAL.:
Gewiss, solche Fälle gibt es, aber was hat so ein alter
Mensch noch von seinem Leben, insofern man dieses
noch ein Leben nennen kann – völlig verkalkt, schon fast
versteinert liegt er da – eine halbe Mumie könnte man
sagen – zu nichts mehr fähig, als zum Sterben.

LANG:
Zu nichts mehr fähig? Sagen Sie? Lesen Sie die Bibel –
Abraham wurde 700 Jahre alt und hatte 500 Kinder.

VAL.:
Na, na, na, na, – Sie übertreiben – 400 Kinder soll er nur
gehabt haben.

Stammtisch-Gespräche

HERR HUBER:
Ja, ja, Herr Meier, was sag'n jetzt Sie?

HERR MEIER:
Ja mei, was soll ma da sag'n!

H.:
Ja, dös sag' ich auch.

M.:
No ja, so lang's no a so is', derf ma z'fried'n sein.

H.:
Dös sag i auch – was nützt das alles – wie's kommt,
so kommt's.

M.:
Ganz richtig! – Der Mensch denkt und Gott lenkt!

H.: *(Lange Pause!)*
Dös stimmt net, Herr Meier; setzen Sie sich mal auf's
Fahrrad 'nauf und lenken's nicht – einmal hab' ich's
probiert – schon hat's mich hindraht.

M.:
Ja, beim Fahrrad geht dös nicht, dafür ist doch die Lenkstange da – mit dem Denken geht dös nicht!

H.:
Meine Ansicht ist die, man soll überhaupt nicht soviel denken, wenn man schon denkt, soll man nur an schöne Sachen denken.

M.:
Da hab'n Sie schon recht, Herr Huber, aber was nützt mich das, wenn ich zur Mittagszeit an eine schöne gebratene Gans denke und meine Frau stellt mir dann einen Hafen Kartoffeln auf den Tisch.

H.:
Da hab'n Sie schon recht, eine Gans ist auch etwas Schönes, aber wenn Sie in Ihrem Leben statt jedem Kartoffel eine Gans gegessen hätten, dann wär das für Sie sicher nichts Schönes mehr, sondern etwas Widriges.

M.:
Ja, ja, dös stimmt – allzuviel ist ungesund!

H.:
Das stimmt auch wieder nicht, Herr Meier, denn dann wären wir ja alle krank, weil wir zur Zeit doch alle zuviel Kartoffeln essen.

M.:
Nein! Bei den Kartoffeln ist das Sprichwort nicht am Platz, weil die Kartoffel vielseitig ist.

H.:

Das ist ein Unsinn, was Sie da sagen – eine Kartoffel
vielseitig – eine Kartoffel ist überhaupt nicht seitig, eine
Kartoffel ist rund – ovallänglich; bei einem Zigarren-
kistchen kann man sagen, das ist vielseitig, oder eine
Harfe – eine Zither, die ist vielsaitig.

M.:

Nein! Ich meine eine Kartoffel ist vielseitig in ihrer
Zubereitung – eine Gans können Sie nur braten, aber die
Kartoffeln können Sie braten, sieden, rösten; man kann
sogar Kartoffelknödel daraus machen – aus einer Gans
können Sie keine Gansknödel machen, niemals! Und
deshalb ist die Kartoffel die Hauptnahrung der Menschen.

H.:

Nein! Die Hauptnahrung der Menschen ist das Brot;
weil es schon im Gebet heißt: »Unser täglich Brot gib
uns heute.«

M.:

Ja, ja, aber das kommt nur daher, weil die Kartoffeln viel
später entdeckt wurden; wenn die Kartoffeln vor dem
Brot …

H.:

Sparen Sie sich Ihre Worte, ich weiß schon, was Sie sagen
wollen. Dann müßt es in dem Gebet heißen: »Unsere
täglichen Kartoffeln gib uns heute.«

M.:

Wenn Sie natürlich alles philosophisch zerlegen, stimmt

145

vieles nicht auf der Welt, dann dürfte man auch nicht sagen: »Unser täglich Brot gib uns heute«, sondern man müßte sagen: »Unser täglich Brot gibt uns immer«, denn was nützt mich das, wenn ich heute ein Brot habe und morgen hab ich keines.

H.:
Das muß man sich halt einteilen und die Hälfte auf morgen aufbewahren.

M.:
Dann ist es nicht mehr frisch.

H.:
Aber viel gesünder, denn in jedem Bäckerladen hängt jetzt ein Plakat: »Eßt kein frisches Brot.«

M.:
Dann muß ich wieder auf das Gebet zurückkommen – dann müßte es heißen: »Unser täglich Brot gib uns morgen.«

H.:
Ja, wie gesagt, Fehler werden halt überall gemacht – sogar die Natur macht Fehler, die sich bei den Menschen auswirken. Zum Beispiel der Blitz ist eine elementare Naturgewalt! Der Mensch baut sich ein Haus und der Blitz schlägt es wieder zusammen.

M.:
Ja, ja, aber das kommt doch selten vor.

146

H.:
Oder – Erdbeben! Ganze Städte sind schon vom Erdbeben vernichtet worden.

M.:
Ja, ja, die Naturkatastrophen können oft viele Menschen
dahinraffen – ja, ja, die wenn nicht wären, dann wär es
schön auf der Welt.

Valentin im Gespräch mit Liesl Karlstadt

K.:
Wo kommst denn Du her?

V.:
Dös könnt' ich Dir gar net sag'n.

K.:
Du wirst doch wissen wo Du her kommst.

V.:
Woher soll ich das wissen – wo ich hingeh weiss ich.

K.:
So? Ja, wo gehst Du denn dann hin?

V.:
Zum Arzt.

K.:
Fühlst Du Dich nicht wohl?

V.:
Im Gegenteil – Unwohl.

K.:
Das kenn ich, – da sind wir Leidensgenossen.

V.:
Schau nur, wie ich ausschau – ich werd' von Tag zu Tag
weniger.

K.:
Das glaub ich weniger – da is' auch sehr viel Einbildung
dabei.

V.:
Da schau her, mir fällt schon bald die Hose runter, so
mager bin ich.

K.:
Da brauchst Du doch bloss Hosenträger zu tragen –
dann kann Dir die Hose nicht mehr runter fallen.

V.:
Hosenträger wären schon praktisch, aber altmodisch[.]

K.:
Dann trägst Du einen Gürtel – das geht doch auch.

V.:
Gürtel tragen ist ungesund – da haben schon manche
die Gürtelrose bekommen – ich wüsste schon was
praktisches, die Hose stärken lassen mit Hoffmanns-
stärke, dass die Hose steif wird, wie Rohrstiefel.

K.:
Also, Du musst Dir unbedingt vom Arzt etwas verschreiben lassen, dass Du wieder dicker wirst – Du bist
wirklich zu mager. – Du müsstest mehr Milch trinken,

Karl Valentin und Liesl Karlstadt bei Tonaufnahmen, 1940

aber Vollmilch – keine Magermilch, sonst wirst Du ja
noch magerer.

V.:
Zur Zeit gibt es aber nur Magermilch; – ich bekäme
schon Vollmilch, aber da müsst' ich mir eine Kuh kaufen
und heimlich melken – aber – wo tu ich die Kuh hin,
wir haben doch nur zwei Zimmer und eine Küche –
da kann ich doch kein Rindvieh reinstell'n – wir sind ja
so schon zu viert.

K.:
Dös geht natürlich nicht – es muss ja nicht gerade Milch
sein – lass Dir doch vom Arzt Vitamine und Kalorien
verschreiben, zum allgemeinen Aufbau[.]

V.:
Das hat der Arzt schon getan und wie ich dann
mit dem Respekt zum Apotheker 'kommen bin,
hat der g'sagt: Ich habe gar nichts mehr ausser
Rinozerosöl.

K.:
Ricinusöl meinst Du – aber das würd' ich an Deiner
Stelle nicht nehmen, denn das räumt Dich ja noch mehr
aus, Du hast ja so nichts mehr drin als wie Luft.

V.:
Stimmt! – Und die muss raus.

K.:
Lass drin, denn wenn die raus is' – dann wirst Du ja

noch magerer. Luft – Licht – und Sonne – braucht der Mensch zur Erhaltung seiner Gesundheit.

V.:
Ja ja, das hab ich auch schon oft gehört – aber wie lang wird's dauern, dann wer'n uns Licht und Sonne auch noch beschlagnahmt.

K.:
Na, das glaub ich nicht. – S'Licht auf keinen Fall. Ich hab zwar auch schon g'hört, dass man im kommenden Winter nur einen Raum beleuchten darf mit einer Glühbirne, wegen Stromersparniss.

V.:
Stimmt! Der Radio hat's auch g'sagt, dass man schon wegen der Heizung nur einen Raum bewohnen darf – und das ist die Küche – die Wohnküche – und da darf nur eine Glühbirne brennen.

K.:
Ja, das hab ich auch g'hört – im Schlafzimmer darf kein Licht sein. Stell' dir das vor: Ein junges Ehepaar und im Schlafzimmer kein Licht. – Was hat so ein Mann von einer schönen jungen Frau, wenn er sie nicht sieht.

V.:
Dann kann er ruhig eine hässliche heiraten, denn im Finstern sind alle Kühe schwarz.

K.:
Na ja, man soll eine Frau nicht mit einer Kuh vergleichen.

V.:

Wär heutzutage gar nicht übel; – wir hab'n doch vorhin davon g'sprochen wenn man eine Kuh hätte, dann wäre man nicht auf die Magermilch angewiesen.

K.:

Ja, Spass beiseite – Du musst etwas gegen Deine Magerkeit tun.

V.:

Unbedingt! Schau, ich hab vor dem Krieg 115 Pfund gewogen – heute wieg' ich kaum mehr 98 Pfund.

K.:

98 Pfund – das ist zu wenig.

V.:

Für mich als Erwachsenen schon – ich war zwar schon bis auf 6 Pfund herunten – allerdings war das 1882 – gleich nach meiner Geburt.

K.:

1882 – das war noch eine Zeit – Später is' der Saustall losgegangen.

V.:

Jessas – weil Du grad von einem Saustall sprichst. Einen Saustall könnt man sich doch selber baun und heimlich eine Sau mästen – soviel Küchenabfälle fallen immer ab, was eine Sau braucht.

K.:

Eventuell schon, aber Du willst doch Milch haben. A Sau kannst Du doch nicht melken.

V.:

Ja so – das geht auch wieder nicht. – Es ist schrecklich – man fällt heute von einem Problem ins andere – immer wenn man glaubt, jetzt findet man einen Ausweg, stellt sich einem immer wieder das »Nichts« entgegen. Und aus Nichts wird nichts.

K.:

Es ist immer wieder – das Nichts – aus dem Gott die Welt gemacht hat.

V.:

Dann kann man also aus Nichts doch was machen[.]

K.:

Ja, aber wir könnens nicht[.]

Die jetzige Lage – September 1947

KARLSTADT:
Was sagst Du zu der jetzigen Lage?

VALENTIN:
A nette Lage. Bald werden wir uns ganz hinlagern, weil
wir vor Hunger nimmer steh'n können, dann haben wir
die richtige Lage, dann braucht nurmehr der Herr
Bezirksarzt kommen und den Hungertod feststellen,
dann sind wir friedhofreif.

K.:
Des stimmt! Versuchsweise hat man kürzlich bei einem
total Verhungerten Wiederbelebungsversuche angewen-
det, und hat dem Verhungerten eine ganze Leoniwurst
vor die Nase hingehalten, aber der Wiederbelebungs-
versuch blieb ohne Erfolg, weil der Verhungerte, wegen
einer Leoniwurst gar nicht mehr auf diese mise Welt
zurückkehren wollte.

V.:
Da hat er auch recht g'habt, zur Zeit ist es ja auch nicht
nur mis, sondern übermis. Die Totengräber haben keine
Schaufeln mehr, die Toten werden jetzt im Friedhof auf
den glatten Boden hingelegt und nur mit Graswasen
zugedeckt. Für hundert Tote gibt es nurmehr ein Blech-

taferl mit der Inschrift: »Die Erde werde Euch leicht«,
in diesem Fall die Graswasen.

K.:
Ja! Gut schaun mir aus, die meisten Männer haben schon
so magere eingefallene Backen, dass sie beim Rasiern
einen Kartoffel ins Maul nehmen müssen.

V.:
Stimmt! – Ja, schau nur mich an, ich bin nurmehr ein
Knochengerüst, auf münchnerisch: Eine Boanaruine,
meine entkleidete Brust gleicht einer Tafel Wellblech.
Meine Frau hat erst kurz kommandiert: Brust heraus,
und auf meinen Rippen hat sie dann gelbe Rüben
gerieben.

K.:
Ja Du bist furchtbar mager, Dein Gewand hängt an Dir
dran wie eine missglückte Massarbeit.

V.:
Ja, wenn der Wind weht, dann flattert mein Gewand an
mir umeinander wie eine lange Fahne an einer Fahnen-
stange.

K.:
Was sagst Du zur Kartoffelnot?

V.:
– Die ist paradox – trotzdem dass wir die ewige Kartof-
felfresserei verwünschen, jammert jeder, dass er keine
mehr hat.

K.:
In der Zeitung hab ich erst gelesen unter der Rubrik
Tauschhandel: »Suche eine Kartoffel – biete dafür ein
Kragenknöpferl.[«]

V.:
Ja, ja, wir gehen einer Hungerkatastrophe entgegen.
Was werden wir in Zukunft noch alles verspeisen?
Hast Du schon beobachtet, was die Hund und Katzen
jetzt für einen ängstlichen Blick haben?

K.:
Ja, ich verstehe. Die Tiere haben einen feinen Instinkt,
die leiden schon jetzt alle an Bratpfannenneurose.

V.:
Ein Freund von mir hat am letzten Samstag einen
streunenden Hund gefangen, und am Sonntag mittag hat
es Foxelragout gegeben, aber meinem Freund hat's davor
so gegraust, weil seine Frau das schmutzige Halsbandel
auch mitgekocht hat.

K.:
Ja, für heikle Menschen ist jetzt eine schlimme Zeit.
In normalen Zeiten hat man jede Fliege aus der Suppe
rausgefischt – heute – überlegt man sich so etwas reiflich.

V.:
Gemüse gibt es fast auch nicht mehr, wir haben uns
kürzlich ein Baumrindenkompott gemacht, dazu Holz-
wollsalat – ohne jede Zutat, nur in heissem Wasser
gekocht, aber der Geschmack war nicht bezaubernd.

K.:

Das beste Geschäft macht zur Zeit der Hypnotiseur Paul
Friedrich mit seiner Hungerstillungsmethode. Derselbe
hat einen leeren Saal gemietet für tausend Personen.
Diese kommen alle Mittag und werden von ihm hypno-
tisiert, also Massensuggestion. Zehn Minuten lang sagt er
seinen Gästen immer das Gleiche vor: »Ihr habt soeben
gut gegessen und seid nun satt – Ihr habt soeben gut
gegessen und seid nun satt – Ihr habt soeben gut gegessen und seid nun satt« und die Leute gehen tatsächlich
vollgefressen von dannen. Ob dieses suggerierte Mittag-
essen auch verdaut usw. usw. werden muss, entzieht sich
meiner Kenntnis.

V.:

Ich sage nur so viel. Schön war die Welt nur bis 1914 –
das war wirklich das wahre Paradies. – Alles war da in
Hülle und Fülle – Soldaten waren auch da – Kanonen
auch – Pulver auch – eine Schlacht- und Luftflotte
auch – jetzt muass amol wieder a Kriag kemma, ham die
meisten gesagt, dass sich was rührt, – dann is a Kriag
komma, aber nicht bloss einer, sondern zwei Stück
Kriege hintereinander.

K.:

Ja, und dann hat sie was g'rührt, sogar die Häuser ham's
sich g'rührt, – nicht alle – aber die meisten – es war
direkt rührend so viel hat sich g'rührt.

V.:

Ja, ja, alles was Menschen überhaupt an Katastrophen
mitmachen konnten haben wir bis jetzt mitgemacht –

160

Krieg – Verwüstung – Feuer – Flucht – Überschwem-
mungen – jetzt die Hungersnot – jetzt braucht nurmehr
der Vesuv in Italien richtig das Speien anfangen, dass die
glühende Lava schö stad ganz Deutschland zudeckt,
dann sa mer eingedeckt für alle Ewigkeit. [D]ie letzte
Bitte sei uns gewährt, die da heisst:

»Herr, gib uns Allen die ewige Ruhe«
Amen.

An eine Chemiefirma

6. 1. 1947

Sehr geehrte Direktion!

Meine Karte mit dem Bemerken: »Brief folgt« werden Sie wohl inzwischen erhalten haben.

Hier ist nun der folgende Brief!

Ich war der festen Meinung, Felsol darf nur mehr flüssig hergestellt werden – also nicht mehr in Pulverform, da das »Pulver« unter das heutige Militärgesetz fällt.

Im Rundfunk hat das bei den Aufnahmen Gott sei Dank niemand gemerkt, dass ich das Felsol erwähnt habe, mit den Worten: »Nun bringe ich Ihnen das schöne Lied von der Loreley. Diese sass bekanntlich am Rheinufer auf einem *Felsol* Verzeihung, Felsen wollt ich sagen – ich hab' mich nur versprochen und habe *Felsol* gesagt, weil ich preisgekrönter Asthmatiker bin; aber leider gibt es z. Zt. kein Felsol[«] u.e.w.

Es ist im Rundfunk streng verboten, irgend eine Firma zu nennen. Die Rundfunkleitung hat das »Felsol« Gott sei Dank überhört. Seit 20 Jahren bin ich Felsolist. Helfen tut es mir nichts mehr, aber ich habe mich so daran gewöhnt, dass ich jetzt pro Tag 3 manchmal sogar 4 Pulver einnehme. Zu meinem weiteren Luxus rauche ich gleich nach dem Einnehmen 2 Zigaretten – also, ein kombiniertes Laster. Nun eine kleine Felsolanektode:

Ich frug vor einem Jahr meinen Nervenarzt Geheimrath Dr. Bumpke ob ich Felsol weiternehmen kann, ob es dem

Organismus schädigt, weil ich seit cirka 20 Jahren so ungefähr 15 000 Felsolpulver gefressen habe. »Wieviel«? frug er erstaunt »15 000«? »Nehmen Sie's ruhig weiter, wenn Sie nach 15 000 noch leben, dann schaden auch die weiteren 15 000 nicht mehr«.

Ein anderer Arzt Dr. Rensch in Gauting bei München, Gartenpromenade 36 konnte sich kaum fassen, dass ich soviel Pulver schon genommen habe. (Siehe beiliegenden Brief!)

Eine andere Felsolepisode! – Vor zwei Jahren bekam ich nach 20 Jahren einen Anfall, den ich noch nie in dieser Intensität hatte. Alle Medizinen und Einspritzungen waren vergebens, wirkungslos. Ursache: Zu meinem Geburtstag bekam ich einen Blumenstock. Schöne lila Primeln. Diese lösten das schwere Asthma aus. Seit der Zeit frage ich jedesmal wenn ich eine fremde Wohnung betrete: Haben Sie Primeln in Ihrer Wohnung? – Weiter wird Sie interessieren, dass Amerika auch Felsol herstellt (anbei eine Probe). Ein amerikanischer Soldat brachte mir eine 100 Packung aus Amerika mit. – Ein Gast in einem Restaurant meinte einmal – als ich ein Pulver einnahm, – »Wenn Sie wüssten, was Sie da für […] ein Zeug einnehmen und wie unapetitlich diese Medikamente zubereitet werden, würden Sie diese Medizin nicht ins Maul nehmen.« Ist das wahr??? Nun genug über Felsol! Ich danke Ihnen noch recht herzlich für die Aussicht, dass ich bei Bedarf an Sie heran treten darf, denn ein Laster kann man zu schwer ablegen.

Mit den besten Grüssen
zeichnet Hochachtungsvollst!

Lebensstationen von Karl Valentin und Liesl Karlstadt

von Gunter Fette

1882

am 4. Juni wird der spätere Karl Valentin in der Münchner Vorstadt Au als Sohn eines Vaters aus dem hessischen Darmstadt und einer Mutter aus dem sächsischen Zittau geboren, also in einem höchst unbayerischen Elternhaus mit dem Familiennamen Fey. Der Vater betreibt ein kleines Speditionsunternehmen. Die Eltern geben ihrem vierten Kind, das als einziges die damals unter Kindern grassierenden Diphtherieerkrankungen überleben sollte, den Namen Valentin Ludwig. Als er im Alter von zehn Jahren mit seinem Spielkameraden auf der zugefrorenen Isar einbricht, entgeht er knapp dem Tod, während der andere Junge sein Leben verliert. Als lebenslängliche Erinnerung daran bleibt Valentin Ludwig ein Asthmaleiden, das auch auf sein Wesen und seine psychische Grundeinstellung einen maßgeblichen Einfluss haben wird.

1888–1896

geht Valentin Ludwig zur Schule, was er später in seinen Erinnerungen als siebenjährige Zuchthausstrafe beschreibt. Die Lehrer dürften es andererseits aber auch nicht leicht mit ihm gehabt haben, denn nach den von Karl Valentin später selbst erzählten »Jugendstreichen des Knaben Karl« war er als Kind und Jugendlicher »der

Schrecken von der Au«, dem Stadtviertel seines Elternhauses. »Der Fey-Bua kommt«, schrien die Kinder oft und flüchteten panikartig in die Häuser oder in sonstige Schlupfwinkel, um sich vor den manchmal geradezu sadistischen Misshandlungen und Attacken des jungen Valentin Ludwig Fey in Sicherheit zu bringen – so die eigene schuldbewusste Erzählung des erwachsenen Karl Valentin. Die leidgeprüften Eltern wollten ihrem einzigen überlebenden Kind, das sie wie ihren eigenen Augapfel behüteten und umsorgten, nicht die gebotene strenge Erziehung angedeihen lassen.

1897 – 1899
erlernt er das Schreinerhandwerk und zeigt dabei erhebliche Fähigkeiten und großes Geschick. Er schließt seine Lehre mit dem Gesellenbrief ab.

1899
kommt das hübsche 18-jährige Dienstmädchen Gisela Royes aus der Oberpfalz in sein Elternhaus, in die sich der ein Jahr jüngere Valentin Ludwig sogleich verguckt, was später Folgen haben wird.

Beruflich möchte er Volkssänger werden – eine damals in München sehr verbreitete künstlerische Betätigung, die auf unzähligen Bühnen in Wirtshäusern und in Singspielhallen zur Unterhaltung der kleinen Leute beiträgt. Bereits ab 1897, also mit 15 Jahren, tritt er vereinzelt in Münchner Gastwirtschaften als »Vereinshumorist« auf. Sein Vater unterstützt diese Ambitionen seines einzigen Sohnes und lässt ihn 1902 für gutes Geld vier Monate lang eine renommierte Münchner Varietéschule besuchen.

Karl Valentin als genialer Künstler, 1906

1901

benutzt er erstmals den Namen Karl Valentin als Künstlernamen, wobei er den Bestandteil »Karl« wohl in Erinnerung an seinen gleichnamigen Bruder ausgewählt hat, der mit acht Jahren verstorben ist.

1902

hat er seine ersten professionellen Auftritte auf der bekannten Münchner Kleinkunstbühne von »Papa Benz« und im Nürnberger Varieté »Zeughaus«.

Der plötzliche Tod des Vaters am Ende des gleichen Jahres bereitet seiner angestrebten künstlerischen Laufbahn jedoch ein jähes Ende, da er nun mit seiner Mutter das väterliche Speditionsgeschäft weiterführen muss. Das schöne Dienstmädchen Gisela bleibt weiter im elterlichen Haushalt – und der Sohn des Hauses ihr weiterhin verbunden.

1905

bringt Gisela eine Tochter zur Welt, deren Vater Karl Valentin ist. Das Kind bekommt den Vornamen der Mutter und wächst bei deren Eltern in der Oberpfalz auf.

1906

ist die väterliche Speditionsfirma von Karl Valentin und seiner verwitweten Mutter nicht länger zu halten und muss mit Grundstück und Elternhaus verkauft werden. Nach Ausgleich der Hypothekenbelastungen bleiben der Witwe noch ganze 6000 Mark. Der Münchner Wohnsitz wird aufgelöst, und die Witwe geht mit ihrem Sohn in ihre Heimatstadt Zittau in Sachsen zurück. Er wird nun wieder als Humorist aktiv und baut sich einen mechanischen

Musikapparat, auf dem er 20 Instrumente nahezu gleichzeitig spielen kann – ein sechs Zentner schweres Monstrum, mit dem er ein vielfältiges, teilweise aber wohl auch schauerliches Musikprogramm darbietet, von idyllischen Weisen über Militärmärsche bis hin zu »Schlachten-Potpourris«, wie berichtet wird.

1907

endet seine erste Deutschlandtournee (unter anderem Leipzig, Halle, Berlin) mit diesem »Orchestrion« unter dem neuen Künstlernamen Charles Fey als wirtschaftliches Desaster. Manchmal wird er schon nach seinem ersten Auftrittsabend wieder hinausgeworfen. Nachdem auch sein zweiter Versuch erfolglos bleibt, kehrt er völlig mittellos nach München zurück, wo er im Gasthof »Stubenvoll« unterkommt und ein letztes Mal mit seinem musikalischen Monsterapparat für fünfzig Pfennig am Abend auftritt. Schließlich zertrümmert er in einem »Löwenbräubierriesenrausch« sein »Orchestrion« mit einer Axt, womit das Künstlerdasein von Charles Fey als »Musikal-Fantast« beziehungsweise »Musikal-Clown« endet. Der Münchner Gastwirt Ludwig Greiner bietet ihm in dieser Notsituation eine Unterkunft an.

1908

hat er erste Auftritte als »Skelettgiggerl« – eine Figur, die er aus seiner extremen Magerkeit entwickelt hat –, und es beginnen seine Engagements beim »Frankfurter Hof« in München mit ersten Erfolgen – nun endgültig unter dem Künstlernamen Karl Valentin. Sein Vortrag vom »Aquarium« bringt für ihn den Durchbruch, und seine wirtschaftliche Not hat ein Ende. Er bekommt nun eine Gage von vier Mark pro Auftritt. Daraufhin holt er seine Mutter zurück nach München und nimmt mit ihr eine Wohnung.

1909

wird Karl Valentin von der Münchner Bühne »Wien-München« im Hotel Wagner bereits als »Münchens populärster Humorist« angekündigt. Er ist an mehreren Münchner Bühnen fast durchgehend engagiert und gilt als »Blödsinnskönig«, wie er sich manchmal auch selbst nennt.

1910

tritt er im Hotel Wagner schließlich schon als »Humorist mit eigenem Repertoire« auf.

Im gleichen Jahr wird Karl Valentin zum zweiten Mal Vater. Die Mutter seiner zweiten Tochter Bertl ist wieder Gisela Royes, das ehemalige Dienstmädchen aus seinem Elternhaus.

1911

lernt Karl Valentin während seines Engagements als »Schwerer Reiter« im »Frankfurter Hof« die dort als Soubrette auftretende 19-jährige Elisabeth Wellano kennen. 1892 in München als fünftes Kind eines Bäckers in ärmlichen Verhältnissen geboren und aufgewachsen, hat sie eine Lehre als Textilverkäuferin absolviert und ist inzwischen im Kaufhaus Tietz angestellt. Sie möchte jedoch auf die Bühne und hat ein Engagement innerhalb einer Münchner Volkssängertruppe im »Frankfurter Hof« erreicht, worauf sie sehr stolz ist. Karl Valentin sagt ihr jedoch, dass sie dafür kein Talent habe, aber sehr komisch sei. Er schlägt ihr eine Zusammenarbeit vor und schreibt ihr ein Lied, das sie nur widerwillig für einen Auftritt annimmt, damit aber auf Anhieb wirklich großen Erfolg hat, nicht zuletzt wohl auch wegen der komischen Art ihrer Darbietung. Karl Valentin und Elisabeth Wellano verlieben sich auch ineinander, aber am 31. 7. 1911 heiratet er die Mutter seiner beiden Töchter. Die private und künstlerische Beziehung wird von Karl Valentin und Elisabeth Wellano gleichwohl fortgesetzt, wofür Karl Valentin seiner neuen Partnerin, in Erinnerung an den von ihm verehrten und in ganz Deutschland bekannten Humoristen Karl Maxstadt, den Künstlernamen Liesl Karlstadt gibt.

Karl Valentin als stolzer Vater, 1910 (»Karl Valentin, Vater von seinem eigenen Kinde«)

1912

richtet Karl Valentin in München das erste Filmstudio ein und beginnt mit Filmaufnahmen, wobei er aber von technischen – manchmal ungewollt bühnenreifen – Pannen verfolgt wird. Es entstehen nur einige kurze Stummfilme.

1913

beginnt mit einem ersten gemeinsamen Bühnenauftritt (»Alpensänger-Terzett«) eine jahrzehntelange erfolgreiche Zusammenarbeit von Karl Valentin und Liesl Karlstadt, bei der sich beide Partner kongenial ergänzen. Dazu gehört allerdings auch die immerwährende äußerst schwierige Balance zwischen den beiden Frauen Karl Valentins, von denen jede für ihn lebensnotwendig ist und die sich deshalb – nach seinen Vorstellungen – gegenseitig tolerieren müssen, was nicht immer gelingt.

1914–1918

bleibt München von den Kriegsereignissen weitgehend unberührt, und die Auftritte des Komiker-Duos Karl Valentin und Liesl Karlstadt setzen sich auf verschiedenen Münchner Bühnen fort. Sie haben allerdings auch zahllose wohltätige (kostenlose) Auftritte in Münchner Lazaretten, sehr zur Freude der verwundeten Soldaten, denen diese humoristischen Darbietungen verständlicherweise viel besser gefallen als das offizielle, zum Heldentum animierende Unterhaltungsprogramm. Aus der intensiven Zusammenarbeit des Künstlerpaares entsteht eine Vielzahl von Bühnenstücken, Dialogen, Monologen und Couplets. Karl Valentin und Liesl Karlstadt sind zusammen nahezu ununterbrochen engagiert.

Karl Valentin und Liesl Karlstadt in einer Szene des erfolgreichen Bühnenstücks »Brillantfeuerwerk«, 1926

1915

wird Karl Valentin die Direktion der Bühne »Wien-München« im Hotel Wagner in München übertragen.

1919

beginnt das Künstler-Duo mit Schallplattenaufnahmen, die dann ab 1928 intensiviert fortgesetzt werden. Bis 1947 entstehen für Schallplatten- und Rundfunkveröffentlichungen rund 170 Tonaufnahmen mit Originaltexten von und mit Karl Valentin und Liesl Karlstadt.

1922

kommt es im August, nach langer Überredungskunst von Liesl Karlstadt, zum ersten Auslandsgastspiel in der Züricher »Bonbonniere«. Bei der stürmischen Fahrt über den Bodensee sieht sich Karl Valentin, entsprechend seiner Voraussage, dem Tod durch Ertrinken nahe *(»... jetzt ersaufen wir alle«)* und schwört, niemals wieder an Bord eines Schiffes zu gehen.

1923–1930

geben Karl Valentin und Liesl Karlstadt neben den ständigen Auftritten auf verschiedenen Münchner Bühnen diverse, zum Teil längerfristige Gastspiele in Wien, Zürich und vor allem in Berlin (im Operettenhaus am Schiffbauer Damm und dann immer wieder im »Kabarett der Komiker« des legendären Kurt Robitschek). Mit großen Erfolgen und höchstem Kritikerlob treten sie vor meistens ausverkauftem Haus auf. Berühmte Theaterdirektoren jener Zeit, wie zum Beispiel Max Reinhardt vom Deutschen Theater in Berlin, verehren und umwerben (erfolglos) das Künstlerpaar. Zu den Bewunderern gehört auch der junge Bert Brecht, der sich ihnen in München anschließt, um von Karl Valentin viel über das Theatermachen zu lernen, wie er später wiederholt schriftlich festhält. Dadurch verhilft Karl Valentin ihm zu seinen ersten Bühnenerfolgen an den Münchner Kammerspielen.

In dieser Zeit erhalten Karl Valentin und Liesl Karlstadt auch mehrfach Einladungen in die USA. Aufgrund seiner panischen Reiseangst ist es für Karl Valentin natürlich eine völlig undenkbare Vorstellung, mit dem Schiff mehrere Tage über den Atlantik und in ein fremdes Land zu fahren. Liesl Karlstadt würde die lange Reise schon auf sich nehmen, und Karl Valentins Ehefrau wäre sogar bereit, dafür das Haus in Planegg zu verkaufen und Deutschland zu verlassen, wie die Enkeltochter Anneliese Kühn zu berichten weiß. Nur Karl Valentin verweigert sich hartnäckig. Und so enden die Berichte über ihn in großen amerikanischen Tageszeitungen mit der abschließenden Feststellung und der Empfehlung an die Leser, dass sie nach München reisen müssen, um diesen deutschen Charlie Chaplin zu erleben.

1929

nimmt Karl Valentin mit seiner Partnerin Liesl Karlstadt seine Filmtätigkeit wieder auf und gründet in München die »Karl Valentin Filmproduktion«. Es entstehen bis 1937 sowohl seine bekannten (über 26) Kurzfilme nach eigenen Vorlagen (Bühnenszenen) als auch mehrere Langfilme nach fremden Drehbüchern und unter anderen Regisseuren wie Max Ophüls, Erich Engels und Hans Deppe (denen Karl Valentin aber nur sehr widerwillig oder gar nicht folgte, wie verschiedentlich überliefert ist).

1930

nimmt Liesl Karlstadt Schauspielunterricht und geht ein Einzelengagement an den Münchner Kammerspielen unter Otto Falckenberg ein. Dort spielt sie in »Sturm im Wasserglas« mit und ist anschließend auch noch auf anderen Münchner Bühnen zu sehen. Sie hat als Schauspielerin großen Erfolg, was von Karl Valentin allerdings gar nicht geschätzt wird. Und so besteht er darauf, dass sie nach ihrer Vorstellung in den Kammerspielen jeden Abend sofort zu ihm kommt, um weiterhin mit ihm in der Nachtvorstellung des »Kolosseums« aufzutreten.

1931

droht Karl Valentin – »Deutschlands größter tragischer Komiker«, wie es in der Presse heißt – München für immer zu verlassen. Wieder einmal fühlt sich Karl Valentin, wie schon so oft zuvor, von der Münchner Obrigkeit (der Feuerpolizei, der Polizeidirektion) in seiner künstlerischen Arbeit schikaniert. Diesmal war an einem öffentlich ausgestellten Szenenfoto einer Bühnenaufführung des »Firmling« Anstoß genommen worden, weil es angeblich das katholische Sittlichkeitsgefühl verletze, und es wurde ihm nahegelegt, das beanstandete Foto zu entfernen beziehungsweise durch ein unverfängliches, etwa ein Szenenfoto der »Raubritter vor München«, zu ersetzen. In einem der Münchner Presse hierzu gegebenen Interview verkündet Karl Valentin daraufhin wütend:

»Jetzt ham mer's satt: Im September geh'n wir nach Berlin. Ja, München sieht uns nicht mehr!«

Geblieben ist er aber dann eben doch in München.

1934

eröffnet Karl Valentin im Münchner Hotel Wagner sein
»Panoptikum« – ein Kuriositäten- und Gruselkabinett, in
das er zum großen Teil sein eigenes und Liesl Karlstadts
Vermögen investiert. Denn für die Einrichtung seines
»Panoptikums« hat Karl Valentin sprichwörtlich »keine
Mühen und Kosten gescheut«. Er verwendet dafür insbesondere zahlreiche Wachsplastiken des Münchner Univer-
sitäts-Plastikers Eduard Hammer, dessen Vater als der Erfinder der lebensgroßen Wachsfiguren gilt. Karl Valentin
übernimmt 40 bis 50 Kisten aus dessen altem Lagerbe-
stand und lässt damit neu und sehr wirklichkeitsnah das
wächserne Inquisitionstribunal sowie »erschröckliche«
Folterszenen entstehen. Daneben gibt es einen »lehrrei-

Karl Valentin und Liesl Karlstadt in einer Szene des Kurzfilms
»Der Firmling«, 1934

chen« Teil mit Valentins Einfällen, zum Beispiel »der Apfel, in den Adam biß«, »der Stein, auf dem Mariechen saß«, »die Hosenknöpfe von Goliath und David im Vergleich«. Dieser Teil des »Panoptikums« ist damit unverkennbar von Karl Valentin als Persiflage auf die in bürgerlichen Kreisen beliebten Nippes-Sammlungen gedacht. In einem kleinen Kinozuschauerraum sitzen plastische Zuschauer lebensgroß und warten auf den Beginn des Films, der nie gezeigt wird. Diese Einrichtung entstammte wahrscheinlich Valentins Frust darüber, dass ihm keine Gelegenheit gegeben wurde, die Filme zu machen, die er immer machen wollte. Dem »Panoptikum« war ein Restaurant mit dem sinnigen Namen »Hölle« angeschlossen.

Selbst die Münchner Obrigkeit hat diesmal nichts an dieser neuen Einrichtung Valentins auszusetzen. In der Polizeiakte zur Überprüfung des »Panoptikums« heißt es, dass sich kein Anlass zu nennenswerten Beanstandungen ergeben habe. Es wurde lediglich die Entfernung eines Kreuzes vom Tisch des Femegerichts und die Verdeckung der Brust einer halb nackten Frauenfigur verlangt.

Trotz der Berühmtheit Karl Valentins bleibt diesmal das Publikum – und damit der Erfolg – aus. Im November 1935 erfolgt die endgültige Schließung mit einem totalen finanziellen Desaster, das heißt, dem Verlust der gesamten finanziellen Investition von Karl Valentin und Liesl Karlstadt.

1935

gerät die Partnerschaft von Karl Valentin und Liesl Karlstadt, die sich in letzter Zeit sowohl im privaten als auch im künstlerischen Bereich immer schwieriger gestaltet, in eine schwere Krise, die bei Liesl Karlstadt schließlich im

April einen Selbstmordversuch (Sprung in die Isar) aus-
löst. Liesl Karlstadt wird zwar gerettet, ist aber seelisch
schwer angeschlagen und muss sich monatelang in der
Münchner Nervenklinik an der Nussbaumstraße behandeln lassen. Karl Valentin ist durch den Selbstmordversuch
seiner Partnerin und ihren nun auch ihm offenbar gewordenen psychischen Zustand sehr geschockt. Er schreibt ihr
Briefe voller Selbstvorwürfe, Selbstmitleid und Verspre-
chen für die Zukunft. So klagt er etwa:

»Es ist eine harte Zeit für mich ohne meiner kleinen
Lisi, die mir in allen Dingen auf der Welt behilflich war.
Meine einzige Zerstreuung ist nur die Arbeit …«,

und ein andermal:

»Ohne Dir ist die Welt für mich völlig inhaltlos. Du
hast für mich schon so viel Geduld aufgebracht, warum
sollst Du es nicht für Dich selbst können. Eine Firma wie
Valentin-Karlstadt muss noch lange lange für München
erhalten bleiben so Gott will und ›ER‹ will, das hat er
gezeigt. Halte aus! Halte aus! Halte aus im Sturmgebraus,
Dein treuester Kamerad auf der Welt Valentin.«

Und Anfang 1936 schreibt Karl Valentin an Liesl Karlstadt:

»… ich bitte Dich mit aufgehobenen Händen, verzeihe
mir alles, was ich getan habe, ich will so werden, wie Du
es willst, ich wusste ja nicht, dass ich so bin. Ich bleibe in
Zukunft die eine treue Seele. Ich verlange mir so lange Du
lebst nichts anders mehr als Dich, und ich werde für Dich
sorgen, wie eine Mutter für ihr Kind. Du hast mir oft
gesagt, ich bin ein guter Mensch, nur in deiner Krankheit
hast Du das alles anders empfunden. Schreibe mir sofort,
dass Du mir wieder so gut bist wie Du es immer warst.
Liebe gute Lisi, schreibe mir sofort, dass wir wieder zusam-

men gehören, krank oder gesund, ich verlasse Dich niemals und arbeite nur mit Dir allein oder gar nicht. Liebe liebe Lisi – schreibe mir sofort. Ich tue alles für Dich, Du mußt wieder gesund werden, es geht nicht anders. Nun liebe liebe gute Lisi, schreibe mir sofort, dass wir wieder zusammengehören wie ehedem ... Dein Valentin. Bitte mit Flugpost. Liebe liebe Lisi! Lebe für mich, ich bitte Dich von ganzem Herzen, Gott sei mein Zeuge!«

Tatsächlich geben Karl Valentin und Liesl Karlstadt im Dezember 1935 und Januar 1936 wieder zusammen ein längeres Gastspiel in Berlin im »Kabarett der Komiker«.

1936

entstehen zusammen noch sechs Kurzfilme (darunter sinnigerweise ein Film mit dem Titel »Beim Nervenarzt«, in dem Liesl Karlstadt jedoch nicht den Patienten, sondern den Nervenarzt spielt) und zwei Langfilme (»Straßenmusik« und »Donner, Blitz und Sonnenschein«). Außerdem absolvieren sie weitere Gastspiele in Berlin.

1937

finden nur noch Auftritte auf der Kleinkunstbühne »Benz« in München-Schwabing statt, wobei der Inhaber Benz oftmals die Rolle von Liesl Karlstadt übernimmt. Am 2. 10. 1937 sind Karl Valentin und Liesl Karlstadt zum ersten Mal im Radio zu hören.

1938

befindet sich Liesl Karlstadt wieder in nervenärztlicher Behandlung, und Karl Valentin spielt mit Benz anstelle von ihr weiter auf dessen Kleinkunstbühne. Im Dezember bestreiten Karl Valentin und Liesl Karlstadt ein letztes gemeinsames Gastspiel in Berlin.

1939

kommt es zur endgültigen Trennung in der Zusammenarbeit von Karl Valentin und Liesl Karlstadt.

Karl Valentin eröffnet in München die »Ritterspelunke«, eine Mischung aus Kabarett, Kellerkneipe und dem erfolglos gebliebenen »Panoptikum«. Er selbst, inzwischen 57 Jahre alt, spielt dort täglich mit einer neuen, 21-jährigen Partnerin namens Anne-Marie Fischer (mit der er auch ein privates Verhältnis hat) sein neues Bühnenstück »Ritter Unkenstein«. Vereinzelt gastiert Karl Valentin alleine auch im Gärtnerplatztheater und spielt dort unter anderem den Gefängniswärter Frosch in der Operette »Die Fledermaus«.

1940

gibt es nur noch wenige Auftritte Karl Valentins außerhalb der »Ritterspelunke«, so unter anderem wieder als Frosch in der »Fledermaus«-Aufführung im Münchner Gärtnerplatztheater. Nachdem sich im Sommer mit den ersten Luftangriffen der Krieg auch in München bemerkbar gemacht hat, wird von Karl Valentin die »Ritterspelunke« geschlossen.

»Es ist eine Schand', wir dean daheim Kasperl spielen und draußen verliern die Leut eahna Lebn. Schluß is – aus is – ich kann nicht mehr – wann da Krieg vorbei ist, dann spieln ma wieder«,

soll Karl Valentin spontan bei der letzten Vorstellung gesagt haben.

Es gibt bis 1947 fast keine öffentlichen Auftritte von

Karl Valentin mehr. Allerdings macht er – nun wieder zusammen mit Liesl Karlstadt – von 1940 bis Januar 1941 rund 30 Rundfunk- und Schallplattenaufnahmen, darunter die »Semmelnknödeln«, »Die Fremden« und den »Buchbinder Wanninger«.

1941

zieht Karl Valentin mit seiner Familie in sein Haus nach Planegg bei München. Er lebt dort von seinen letzten übrig gebliebenen wenigen Ersparnissen sowie von kleinen Schreiner- und Drechselarbeiten für die Nachbarschaft. Im Übrigen verfasst Karl Valentin immer noch Texte, die allerdings nicht mehr von seinem unnachahmlichen Humor, sondern von Verbitterung und Depression über die »jetzige Lage« geprägt sind – und die bot nun wirklich wenig Anlass zum Humor.

1941–1943

verdingt sich Liesl Karlstadt bei den Gebirgsjägern in Ehrwald/Tirol als »Obergefreiter Gustav« und ist dort für die Pflege der Mulis der Gebirgsjäger zuständig. Gleichzeitig hat sie aber immer noch einzelne Auftritte in München. Sie nennt dies später die glücklichste Zeit in ihrem Leben.

Karl Valentin schreibt ab Februar 1942 monatlich Artikel für die Militärzeitung »Münchner Feldpost«, die erstaunlicherweise abgedruckt werden, obwohl Karl Valentin darin nun ganz und gar nicht zum »Endsieg« ermuntert. Damit verdient Karl Valentin ganze 75 Reichsmark pro Monat. Der Karl-Valentin-Biograf Michael Schulte schrieb dazu in seiner 1982 erschienenen Valentin-Biografie:

Karl Valentin als Recke Heinrich in seinem Stück
»Ritter Unkenstein«, 1938

»Valentins Beiträge sind in zweierlei Hinsicht bemerkenswert: einerseits bewies er Mut, diese Arbeiten, in denen er aus seiner pazifistischen Gesinnung nicht den geringsten Hehl machte, überhaupt einzusenden. Andererseits ist es erstaunlich, dass sie auch veröffentlicht wurden.«

1944
lässt sich Karl Valentin wieder einmal, wie schon zu Beginn seiner Karriere, als »lebende Karikatur« fotografieren: sein nackter rappeldürrer Körper, lediglich mit einer lächerlichen gestreiften Badehose bekleidet, mit einem Papierhelm auf dem Kopf und einem Holzschwert in der Hand – eine wahrhaft jämmerliche Figur. Für diese Fotos verfasst er die Bildunterschriften »Das letzte Aufgebot« und »Auf zum Endsieg«. Diese Bilder verschickte er auch zur Veröffentlichung, was der Adressat jedoch in richtiger Erkenntnis der Brisanz dieser Fotos unterlassen hat. Andernfalls hätte dann wohl auch Karl Valentins Popularität ihn nicht mehr vor einer Haftstrafe wegen »Wehrkraftzersetzung« und staatsfeindlicher Äußerungen, wie es damals hieß, bewahrt.

1946
bekommt Karl Valentin nach vielen vergeblichen Anläufen schließlich Gelegenheit zu Auftritten in einer Sendereihe, die den Titel »Es dreht sich um Karl Valentin« trägt und von Radio München unter der Mitarbeit von Kurt Wilhelm initiiert wird. Es kommt jedoch zu massiven Hörerprotesten, da die Münchner Karl Valentin mit seinen neuen Texten über Krieg, Hungersnot, die Atombombe und Weltuntergang so nicht mehr hören wollen:

»Aufhören – schickt's den Depp'n hoam«, heißt es in den Hörerreaktionen auf die Valentin-Sendungen. So wird die Sendereihe nach der fünften Folge abgesetzt, und Münchens berühmtester Humorist wird wegen Humorlosigkeit entlassen.

1947
kommt es im Oktober und Dezember wieder zu gemeinsamen Auftritten von Karl Valentin und Liesl Karlstadt. In

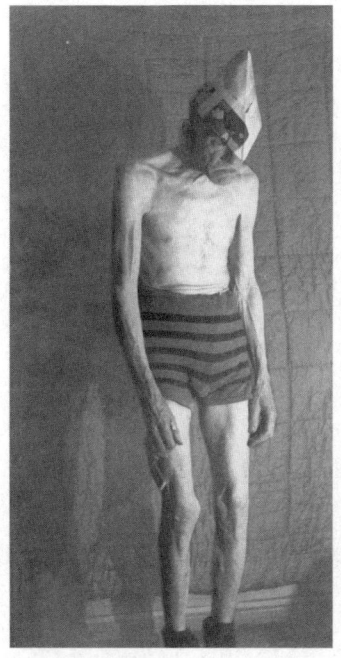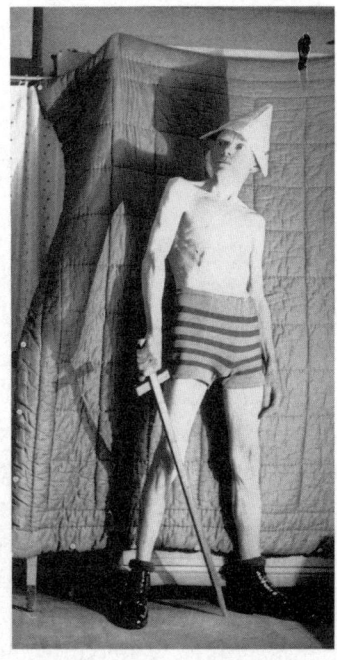

Das letzte Aufgebot, 1944　　*Auf zum Endsieg, 1944*

der geschlossenen Silvesterveranstaltung des Münchner Künstlerlokals »Simplizissimus«, kurz »Simpl« genannt, hat das legendäre Künstlerpaar vor 250 geladenen illustren Gästen (von Erich Kästner über Lale Andersen bis hin zum bekannten Kritiker der Süddeutschen Zeitung, Gunter Groll) die Schlussnummer. Um auch dabei sein und Karl Valentin erleben zu können, hat der damals noch ziemlich unbekannte junge Schauspieler Gerd Fröbe vier gut bezahlte Silvesterengagements ausgeschlagen. Er will die Gelegenheit wahrnehmen, um festzustellen, was der große Schauspieler Erich Ponto mit seinem Satz »Fröbe ist ein junger Valentin« gemeint hatte. Gerd Fröbe hat mit seinem Auftritt einen Riesenerfolg und wird vom Publikum frenetisch gefeiert. Es verlangt von ihm Zugaben, die Fröbe jedoch ablehnt unter dem Hinweis, das alte Jahr solle doch mit Karl Valentin ausklingen, einem Künstler, den er noch nie gesehen habe und auf den er sich sehr freue. So geschah es dann auch. Gerd Fröbe berichtet später darüber:

»Er war unvergleichlich … seine Pointen ließ er so nebenher fallen, als wisse er nicht, dass es welche waren. Von der Bühnenseite aus habe ich ihn und die Liesl Karlstadt beobachtet. Es war so großartig, was die Beiden machten, dass ich nur einen Wunsch hatte, mit diesen beiden einzigartigen Kollegen das erste Glas im neuen Jahr, das in wenigen Minuten begann, zu trinken.«

So kam es dann auch, und Gerd Fröbe berichtet weiter von seinem denkwürdigen ersten und einzigen Zusammentreffen mit Karl Valentin und Liesl Karlstadt sowie von der Ermunterung Valentins an den jungen angehenden Komiker, weiterzumachen – an seiner Stelle. Auf Fröbes Einwand, das könne er nicht, er sei doch kein Bayer,

Karl Valentin, 1946

bekommt er von Karl Valentin die für ihn verblüffende Antwort: »I ja a net«, und weiter:

»Ob Du ein Bayer bist, is wurscht. Hauptsach a Narr bist. Und Du bist doch a Narr!«

Diese Aussage von Karl Valentin wird von Gerd Fröbe als eine Art Ritterschlag empfunden (zitiert nach Gerd Fröbe: »Auf ein Neues, sagte er … und dabei fiel ihm das Alte ein. Geschichten aus meinem Leben«, 1988).

1948

im Januar folgen weitere Auftritte, gemeinsam mit Liesl Karlstadt im »Simpl« und im »Bunten Würfel«, zuletzt am 31. 1. 1948. An diesem Abend wird er aus Versehen nach dem Ende der Vorstellung eingeschlossen und muss die Nacht in der ungeheizten Garderobe – nur mit ein paar Kostümteilen zugedeckt – verbringen. Davon erholt sich der körperlich völlig geschwächte und seit Monaten kränkelnde Karl Valentin nicht mehr. Er stirbt am 9. 2. 1948 im Alter von 65 Jahren in seinem Haus in Planegg – es ist Rosenmontag. Beerdigt wird er auf dem Waldfriedhof in Planegg am Aschermittwoch – ohne offizielle Anteilnahme seiner Heimatstadt München. Überliefert ist jedoch das Beiwohnen des heutigen Papstes Benedikt des XVI., der als junger Student an der Theologischen Fakultät in München zu Valentins Beerdigung nach Planegg pilgert, um dem von ihm hoch geschätzten Künstler die letzte Ehre zu erweisen. Auf den Vorhalt seines Studienfreundes Georg Lohmeier, Karl Valentin sei doch evangelisch, erwidert der damalige katholische Theologiestudent Joseph Ratzinger, ein so großer Humorist stehe doch über den Konfessionen. Wie es heißt verehrt er Karl Valentin bis zum heutigen Tag und zitiert oft seine Sprüche.

Als Anekdote wird von dem Versprecher des Pfarrers beim Gebet des Psalmverses berichtet:

> *Der Herr behüte dich,*
> *der Herr ist dein Schatten über deiner rechten Hand,*
> *dass dich des Tags der Mond nicht steche,*
> *noch die Sonne des Nachts.*«

Von seiner jahrzehntelangen Partnerin sowohl auf der Bühne als auch im Leben hatte sich Karl Valentin – wohl schon in der Vorahnung seines baldigen Todes – einige Wochen zuvor mit einem letzten Gedicht verabschiedet:

> *An Liesl Karlstadt*
>
> *Wer da je geliebt hat, wie ich Dich*
> *der trägt solche Liebe innerlich*
> *als Geheimnis seiner tiefen Seele*
> *dass sie ihm an keinem Orte fehle.*
>
> *Dass sie ihm an keinem Orte fehle,*
> *trägt er sie in seiner tiefen Seele*
> *ewig wird sie ihm Gefährtin sein*
> *und so ist er nirgends ganz allein.*«

Karl Valentin

1953

muss Karl Valentins Witwe den gegenständlichen Nachlass verkaufen, um zu überleben. Da die Stadt München dafür kein Geld aufbringen kann und will, wird der Nachlass von einem Sammler, dem Kölner Theaterwissenschaftler Professor Carl Niessen, für 7000 Mark erworben und geht nach Köln. Die Witwe und die Tochter Bertl können sich aber das Valentin Häusl in Planegg erhalten, wo die Valentin-Familie heute noch lebt.

Liesl Karlstadt gelingt eine Solokarriere als beliebte Schauspielerin an verschiedenen Münchner Theatern, beim Bayerischen Rundfunk und auch im Film.

1960
stirbt Liesl Karlstadt mit 68 Jahren in Garmisch.

Gunter Fette, München 2011

Karl Valentin

Mein komisches Wörterbuch

Sprüche für alle Lebenslagen.
Herausgegeben von Dieter Wöhrle.
144 Seiten. Piper Taschenbuch

Die ganz besondere Enzyklopädie: 263 Sprüche aus Valentins Texten, Stücken und Filmen – von Anfang bis Zufall, von Arznei bis Velozipedistik. Aus Valentins Gesamtwerk hat Dieter Wöhrle einschlägige Stellen herausgefischt und augenzwinkernd verschlagwortet. Mit dabei sind geflügelte Worte wie die Episode von den Semmelnknödeln, die berühmte Vereinsrede »Meine lieben Gäste und Gästinnen« oder die Zukunft, die früher auch besser war, aber auch unbekanntere Fundstükke.

»Karl Valentin ist für mich einer der Größten.«
Christoph Schlingensief

Willy Astor

Unverrichter der Dinge

Humor direkt vom Erzeuger.
Vorwort von Dieter Hildebrandt.
160 Seiten mit zahlreichen
Abbildungen. Piper Taschenbuch

»Mein erstes Buch hatte noch gar keine Seiten, das war ein Leerbuch, mein zweites hielt ich an der Kasse schon in der Handke, und dann flüsterte mir mein Gewissen zu: Kafka Buch! Klau's Mann!« Der sympathische Münchner und seine feinhumorige Lektüre: Willy Astor, der Sänger, Musiker, Comedian und famose Wortspieler, zeigt in diesem Buch sein ganzes Können. Eine wunderbare Mischung von Geschichten, Gedichten und Zeichnungen. Willy Astor in Bestform!

»Nachdem ich dieses Buch verschlungen habe, kann ich keine Zeitung und kein Buch mehr normal lesen.«
Emil Steinberger

05/1918/02/L   05/2618/01/R